나는 하나님 나라의 교사입니다

나는 하나님 나라의 교사입니다

지은이 강준민
펴낸이 임상진
펴낸곳 (주)넥서스

초판 1쇄 인쇄 2018년 5월 20일
초판 1쇄 발행 2018년 5월 25일

출판신고 1992년 4월 3일 제311-2002-2호
10880 경기도 파주시 지목로 5
Tel (02)330-5500 Fax (02)330-5555

ISBN 979-11-6165-338-9   03230

저자와 출판사의 허락 없이 내용의 일부를
인용하거나 발췌하는 것을 금합니다.

저자와의 협의에 따라 인지는 붙이지 않습니다.

가격은 뒤표지에 있습니다.
잘못 만들어진 책은 구입처에서 바꾸어 드립니다.

www.nexusbook.com
넥서스CROSS는 (주)넥서스의 기독 브랜드입니다.

나는
하나님 나라의
교사입니다

강준민 지음

넥서스CROSS

| 서문 |

저는 어린이들을 가르치는 교사로 첫 사역을 시작했습니다. 예수님을 영접한지 얼마 되지 않았을 때, 여름성경학교에서 어린이들을 처음으로 가르치는 은혜를 경험했습니다. 그때가 고등학생 때였습니다. 지금 생각해보면, 어린이가 어린이를 가르쳤던 것 같습니다. 교사로서의 저의 삶을 돌아보면 부끄럽습니다. 왜냐하면 깊지 않은 배움으로 학생들을 가르쳤기 때문입니다. 성숙하지 않은 인격으로 학생들을 가르쳤기 때문입니다.

미국 이민 교회에서 저에게 맡겨진 첫 사역은 유치부였습니다. 유치부 아이들을 가르치는 것은 정말 쉬운 일이 아니었습니다. 그 후에는 초등학생들을 가르쳤고, 중·고등학생들도 가르쳤습니다. 당시 영어를 잘 못했던 제가, 영어를 모국어처럼 사용하는 이민 2세들을 가르친다는 것은 참으로 힘든 일이었습니다. 하지만 이민 2세들을 가르치면서 언어를 초월한 언어가 있다는 것을 발견했습니다. 그것은 바로 '사랑'과 '존중'이라는 언어였습니다. 저는 사랑과 존중의 언어를 통해 학생들과 언어를 초월해 소통하는 법을 배웠습니다. 비록 영어가 서툴러도 학생들은 자신을 사랑해 주고 존귀히 여겨주는 교사에게 마음을 열어 놓는 것을 경험하게 된 것입니다.

교사로 섬기면서 가장 힘들었던 것은, 잘 알지 못하는 내용을 가르쳐야 하는 일이었습니다. 또한 교사 자신도 실천하지 못하고 있는 내용을 가르쳐야 하는 일, 준비를 잘하지도 못 한 채 가르쳐야 하는 일이었습니다. 하지만 가르침은 신비로웠습니다. 그 신비는 잘 알지 못하는 것을 가르치는 중에 깨닫는 신비요, 실천하지 못하고 있는 것들을 어느 날부터 실천하게 되는 신비였습니다. 가르칠 내용이 준비가 잘 되어 있지 않았을 때 오직 하나님만 의지하게 되는 신비였던 겁니다. 그 신비는 더욱 놀라운 결과를 경험하는 신비가 되었습니다. 그렇다고 준비를 잘하지 않아도 된다는 것은 아닙니다.

저는 가르침을 통해 깊은 배움에 이르게 되었습니다. 가르침을 통해 가르치는 내용을 실천하는 은혜를 경험했습니다. 가르침을 통해 교사였던 제가 먼저 변화하고 성숙하게 되었습니다. 학생들을 변화시키려다가 제가 변화된 것입니다. 때로는 학생들 가운데 말을 잘 듣지 않고 고집스러운 학생을 어떻게 대해야 할지 몰라 괴로워하는 날도 있었습니다. 하지만 가르치는 일을 지속하는 중에 저는 성장했습니다. 학생들을 잘 이해할 수 있게 된 것입니다. 그들의 고민을, 그들의 고통을, 그들의 눈물을, 그들의 두려움을, 그들의 갈망을, 그들의 슬픔을, 그들의 의심을, 그들의 아픔을 이해하게 되었습니다. 또한 그들의 즐거움을 이해하게 되었습니다.

목회자가 된 이후에도 저는 늘 교사로 살았습니다. 목회자는 '목사와 교사'로 부름을 받은 사람입니다(에베소서 4:11). 그래서 저는 지금도 목사와 교사로 살아가고 있습니다.

이번에 출판하게 된 이 책의 내용은 오래 전에 기독교성결교회 전국교사대회 때에 처음 가르쳤던 내용입니다. 그 후로 저는 이 내용을 반복해서 다양한 세미나를 통해 교사와 청년들, 무엇보다 목회자들에게 수없이 많이 전했습니다. 반복해서 이 책에 기록된 내용을 전하는 중에 내용은 더욱 선명해졌고, 더욱 깊어질 수 있었습니다. 한 권의 책 속에 교사를 위한 모든 내용을 다 담을 수는 없습니다. 그래서 여전히 아쉬움은 남아 있습니다. 하지만 이 책 속에 제가 교사로 생활하면서 터득한 소중한 깨달음의 핵심을 고스란히 담아 놓았습니다. 제가 교사로서 예수님을 통해 경험한 존재 혁명과 배움의 원리들이 담겨 있습니다. 또한 우리의 위대한 스승이신 예수님과 성령님께 배운 원리들이 담겨 있습니다. 교사가 학생들을 가르칠 때 어떻게 성령님을 의지해야 할 것인지에 대한 소중한 내용이 담겨 있습니다. 일반 교육에는 성령님의 역사가 없습니다. 반면 기독교 교육에는 반드시 성령님의 도움이 있어야만 합니다. 바로 그 점이 일반 교육과 기독교 교육의 가장 큰 차이점입니다.

또한 이 책 속에는 교사가 글로벌 시대에 자신을 지속적으로 계발할 수 있는 학습 혁명의 원리가 담겨 있습니다. 교사가 평생 학습자로 살아갈 수 있는 원리, 학생들을 글로벌 시대에 글로벌 인재보다 더 중요한 천국 인재로 키우는 원리가 담겨 있습니다.

나는
하나님 나라의
교사입니다

　이 한 권의 책이 하나님의 나라를 위해 수고하는 이 땅의 모든 교사에게 작은 도움이 되었으면 합니다. 나아가 이 책을 통해 성령님을 더욱 의지하는 교사가 되는 은혜가 임했으면 좋겠습니다. 교사가 평생 학습을 하는 중에 탁월함의 경지에 이르고, 예수님처럼 제자를 키우고 또한 제자를 남기는 교사가 되었으면 합니다. 교사는 하나님의 나라의 보배로운 일꾼들입니다. 영원한 말씀을 통해 학생들에게 영원한 영향을 끼치는 소중한 일꾼들입니다.

　이 책을 정성스럽게 만들어 주신 넥서스 출판사업부 가족들과 조현영 팀장님께 감사드립니다. 또한 열악한 환경 중에도 성심을 다해 학생들을 가르치는 교사 선생님들께 감사드립니다. 마지막으로 부족한 종을 교사로 부르셔서 지금까지 인도해 주신 하나님께 모든 영광을 올려 드립니다.

로스앤젤레스에서
강준민 드림

| 차례 |

서문 … 004

Part 1 존재의 혁명을 일으키는 가르침

01 존재의 혁명은 **만남**을 통해 이루어진다 … 014
02 존재의 혁명은 **깨달음**을 통해 일어난다 … 034
03 존재의 혁명은 **내면의 혁명**을 의미한다 … 050
04 존재의 혁명은 **예수님의 형상을 닮아가는 것**을 의미한다 … 054
05 존재의 혁명은 **진리에 순종하는 공간**을 통해 이루어진다 … 057
06 존재의 혁명은 **사랑의 혁명**이다 … 060

Part 2 탁월한 가르침을 위한 배움의 영성

01 **배우는 법을 배우는** 원리 … 068
02 **비전**의 원리 … 072
03 **비움**의 원리 … 075
04 **채움**의 원리 … 078
05 **사랑**의 원리 … 082
06 **경청**의 원리 … 086
07 **질문**의 원리 … 094
08 **기억**의 원리 … 098
09 **실천**의 원리 … 103
10 **인내**의 원리 … 106

Part 3 변화와 성숙을 위한 교사, 성령님

01 예수님은 **성령님을 힘입어** 가르치셨다 … 120
02 성령님은 **우리를 진리 가운데로** 인도하신다 … 125
03 성령님은 **모든 것을 가르쳐** 주신다 … 128
04 성령님은 진리의 본체이신 **예수님을 증거**하신다 … 132

05 성령님은 **하나님의 깊은 것에 통달**하도록 도와주신다 … 136

06 성령님은 우리가 배운 것을 **확신에 이르도록** 도와주신다 … 139

07 성령님은 **학생들을 사랑할 수 있도록** 도와주신다 … 143

08 성령님은 **교사가 학생들을 위해 기도하도록** 도와주신다 … 147

09 성령님은 교사와 학생들에게 **하나님의 꿈을 꾸도록** 도와주신다 … 152

10 성령님은 **교사에게 필요한 모든 것을 공급**해 주신다 … 156

Part 4 글로벌 리더를 키우는 학습 혁명

01 성경적 학습 혁명을 통해 **글로벌 마인드**를 갖자 … 182

02 성경적 학습 혁명을 통해 **평생 학습자**가 되자 … 188

03 성경적 학습 혁명을 통해 **하나님 안에서 건전한 자신감**을 갖자 … 192

04 성경적 학습 혁명은 **재능과 은사를 최대한 계발**하는 것이다 … 200

05 성경적 학습 혁명은 **학습의 유익을 깨닫는** 것이다 … 204

06 성경적 학습 혁명은 **자신의 학습 스타일을 발견**하는 것이다 … 207

07 성경적 학습 혁명은 **의식과 잠재의식의 세계를 총체적으로 활용**하는 것이다 … 209

08 성경적 학습 혁명은 **창의력을 극대화**하는 것이다 … 213

09 성경적 학습 혁명은 **지식을 활용할 수 있는 원리**를 터득하는 것이다 … 216

10 성경적 학습 혁명은 **지혜형 인간**이 되는 것이다 … 219

11 성경적 학습 혁명은 **안식의 혁명**이다 … 225

12 성경적 학습 혁명은 **자신에게 맡겨진 일에 통달하는 경험**이다 … 229

13 성경적 학습 혁명은 **사랑의 혁명**이다 … 240

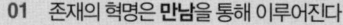

01　존재의 혁명은 **만남**을 통해 이루어진다

02　존재의 혁명은 **깨달음**을 통해 일어난다

03　존재의 혁명은 **내면의 혁명**을 의미한다

04　존재의 혁명은 **예수님의 형상을 닮아가는 것**을 의미한다

05　존재의 혁명은 **진리에 순종하는 공간**을 통해 이루어진다

06　존재의 혁명은 **사랑의 혁명**이다

존재의 혁명을
일으키는
가르침

스승은 영원까지 영향을 미친다.
어디서 그 영향이 끝날지 스승 자신도 알 수가 없다.
- 헨리 애덤스 -

교사의 영향력은 무한하다. 때문에 교사는 건전한 자부심과 함께 책임감을 가져야 한다. 교사가 해야 할 가장 중요한 일은 '존재의 혁명을 일으키는 것'이다. 존재의 혁명을 일으키는 가장 위대한 스승은 예수님이시다. 그 이유는 예수님께서 하신 일이 바로 존재의 혁명을 일으키는 것이었기 때문이다.

지금 우리는 지식과 정보를 소유하는 데 집중하는 시대 속에 살고 있다. 지식과 정보를 무시할 수는 없다. 그러나 우리가 하는 일은 단순히 사람들에게 지식을 집어 넣어주는 일이 아닌 우리가 섬기는 사람들의 삶 속에 존재의 혁명이 일어나도록 도와주는 일임을 잊지 말자.

그렇다면 존재의 혁명은 무엇이며, 어떻게 일어날 수 있는가? 존재의 혁명이라는 단어가 조금 강하게 들릴 수 있지만, 이 단어만큼 의미를 가장 확실하게 잘 전달할 수 있는 용어는 없다고 생각한다. 아마 삶 속에서 존재의 혁명을 경험한 사람은 이 말의 참뜻을 알고 공감할 것이다.

✎ 당신의 인생에서 가장 기억에 남는 스승은 누구인가? 그 이유를 구체적으로 적어보라.

_____
_____
_____
_____
_____
_____

존재의 혁명은
만남을 통해 이루어진다

01

교사가 해야 할 가장 중요한 일은 '만남'을 주선하는 것이다. 그렇다면, 어떤 만남을 주선해야 하는가? 누구와 만나고, 어떻게 만나야 존재의 혁명이 일어날 수 있는가?

첫째, 예수님과의 만남을 통해 존재의 혁명이 일어난다.

존재의 혁명은 인격적인 만남을 통해 이루어진다. 예수님과의 인격적인 만남은 존재의 혁명을 일으키게 된다. 우리가 할 일은 바로 존재의 혁명을 일으켜주실 예수님을 만나도록 도와주는 것이다. 그들이 예수님을 볼 수 있게 도와주는 것이다. 이런 면에서 세례 요한은 위대한 스승이다. 그는 자신을 찾아온 사람들에게 어린 양이신 예수님을 보라고 외쳤기 때문이다.

"이튿날 요한이 예수께서 자기에게 나아오심을 보고 이르되 보라 세상 죄를 지고 가는 하나님의 어린 양이로다"(요한복음 1:29)

그렇다면, 세례 요한이 "보라"고 외친 예수님은 누구인가? 예수님은 길이요, 진리요, 생명이시다.

> ✎ 요한복음 14장 6절을 성경에서 찾아 적어보라.

예수님은 '길'이시다. 길은 한문으로 '도'(道)라는 말인데, 도는 깨달음을 말한다. 다시 말해, 도와의 만남을 통해 존재의 혁명이 일어난다는 것이다. 또한 길은 '열림'이다. 존재가 새롭게 열리는 것은, 길이 되신 예수님을 만날 때 비로소 가능해진다.

예수님은 '진리'이시다. 진리는 이론이 아닌 '인격'이다. 물론 어떤 의미에서 진리는 설명할 수 있는 이론이라 말할 수 있다. 보통 우리가 진리라고 하면, 그것은 변함 없는 원리를 의미한다. 그러나 더욱 깊이 진리 속으로 들어가면, 진리는 이론을 넘어 인격임을 알 수 있다. 이런 진리와의 만남은 결국 예수님과의 인격적인 만남을 의미한다.

빌라도가 예수님을 향해 "진리가 무엇이냐"(요한복음 18:38)라고 물었다.

이에 예수님은 침묵하셨다. 왜냐하면 질문이 잘못되었기 때문이다. 빌라도는 '진리가 누구냐'라고 물어야 했다. 그는 진리를 앞에 두고도 알아보지 못해 진리에 대해 물었던 것이다. 그는 진리를 볼 수 있는 영안이 없었다.

본다고 만나는 것이 아니다. 만남은 마음을 여는 것이요, 환영하는 것이다. 더 깊이 들어가면, 진리 앞에 순종하고 그를 예배하는 것이다. 그때 진리가 우리 가운데 역사하시는 것을 경험하게 된다. 또한 진리와 만날 때 자유함을 경험하게 된다. 갇혀진 존재가 자유하게 됨을 경험하게 되는 것이다.

"진리를 알지니 진리가 너희를 자유롭게 하리라"(요한복음 8:32)

예수님은 '생명'이시다. 존재의 혁명은 우리 안에 새로운 생명이 들어올 때 가능하다. 예수님의 생명은 하나님의 생명, 즉 영원한 생명이다. 때문에 예수님의 생명은 본질적으로 다르다. 위로부터 오는 생명이기에 예수님의 생명은 성향이 다르다.

예수님을 씨앗이라고 비유하기도 한다. 씨앗 속에 생명이 있고, 성향이 있기 때문이다. 배의 씨앗을 심으면 노력하지 않아도 배 꽃이 피고, 배가 열매로 맺는다. 사과의 씨앗을 심으면 노력하지 않아도 사과 꽃이 피고 사과를 열매로 맺는 것이다. 이것이 곧 '성향'이다.

> ✎ 예수님께서 길이요, 진리요, 생명이신 이유에 대해 정리해보라.

　　인간 존재 안에 있는 본래의 성향은 아담의 죄로 말미암아 타락한 인간의 성향이다. 이 성향이 만들어 내는 것은 '육의 열매' 뿐이다. 다시 말해, 죄악의 열매다. 때문에 우리에게 존재의 혁명이 필요한 것이다. 그런 우리 내면에 예수님의 생명의 씨앗이 들어올 때, 우리는 새로운 성향을 갖게 된다. 우리는 예수님 안에서 새로운 피조물이 되는 것이다.

　　"그런즉 누구든지 그리스도 안에 있으면 새로운 피조물이라 이전 것은 지나갔으니 보라 새 것이 되었도다"(고린도후서 5:17)

혁명이란 새로운 체제를 형성하고 새로운 질서를 만드는 시도다. 혁명의 핵심은 자유의 출현, 자유의 등장과 관련이 있다. 또한 새로운 시작과 관련되어 있다. 혁명은 원초적인 질서에서부터 복귀하는 것과 관련되어 있다. 혁명은 법 앞에 누구나 평등하다는 정신과 관련되어 있다.

_김선욱 저, 『한나 아렌트의 생각』(한길사) 133~145쪽

우리가 예수님을 만나 존재의 혁명을 경험할 때, 우리는 하나님의 아름다운 창조 질서 속으로 복귀하게 된다. 예수님을 믿는 순간 새로운 피조물이 되는 것이다. 우리 모두는 예수님 안에서 하나가 되고(갈라디아서 3:28), 차별이 없는 보배롭고 존귀한 존재가 된다. 차별 없이 아브라함의 후손이 되며, 복된 유업을 받을 자가 된다(갈라디아서 3:29). 예수님을 만나고 예수님을 믿는다는 것은 놀라운 존재의 혁명이다. 새로운 체제와 새로운 질서 속으로 들어가는 혁명이요, 참된 자유 속으로 들어가는 혁명이다. 또한 새로운 신분을 갖게 되는 혁명이요, 새로운 법으로 들어가는 혁명인 것이다.

"너희는 유대인이나 헬라인이나 종이나 자유인이나 남자나 여자나 다 그리스도 예수 안에서 하나이니라 너희가 그리스도의 것이면 곧 아브라함의 자손이요 약속대로 유업을 이을 자니라"(갈라디아서 3:28~29)

🌿 예수님을 만날 때, 죄의 종에서 자유하게 되는 존재의 혁명을 경험하게 된다.

"예수께서 대답하시되 진실로 진실로 너희에게 이르노니 죄를 범하는 자마다 죄의 종이라 종은 영원히 집에 거하지 못하되 아들은 영원히 거하나니 그러므로 아들이 너희를 자유롭게 하면 너희가 참으로 자유로우리라"(요한복음 8:34~36)

🌿 예수님을 만날 때, 마귀의 자녀였던 사람이 하나님의 자녀가 되는 존재의 혁명을 경험하게 된다.

"너희는 너희 아비 마귀에게서 났으니"(요한복음 8:44a)

"영접하는 자 곧 그 이름을 믿는 자들에게는 하나님의 자녀가 되는 권세를 주셨으니"(요한복음 1:12)

🌿 예수님을 만날 때, 율법에서 복음으로 들어가는 존재의 혁명을 경험하게 된다.

예수님께서는 복음을 새 포도주와 새 부대로 비유하셨다.

"새 포도주를 낡은 가죽 부대에 넣지 아니하나니 그렇게 하면 부대가 터져 포도주도 쏟아지고 부대도 버리게 됨이라 새 포도주는 새 부대에 넣어야 둘이 다 보전되느니라"(마태복음 9:17)

예수님께서는 율법을 폐기하러 오신 것이 아닌, 율법을 완전하게 하시기 위해 오셨다.

"내가 율법이나 선지자를 폐하러 온 줄로 생각하지 말라 폐하러 온 것이 아니요 완전하게 하려 함이라"(마태복음 5:17)

나아가 예수님께서는 율법을 완전하게 하실 뿐만 아니라 율법보다 더 좋은, 그리고 더 새로운 복음을 주시러 오셨다.

"이르시되 때가 찼고 하나님의 나라가 가까이 왔으니 회개하고 복음을 믿으라 하시더라"(마가복음 1:15)

🌿 예수님을 만날 때, 죄와 사망의 법에서 해방되어 생명과 성령의 법 안으로 들어가게 되는 존재의 혁명을 경험하게 된다.

"이는 그리스도 예수 안에 있는 생명의 성령의 법이 죄와 사망의 법에서 너를 해방하였음이라"(로마서 8:2)

🌿 예수님을 만날 때, 흑암의 권세에서 사랑의 아들의 나라로 옮겨지는 존재의 혁명을 경험하게 된다.

"그가 우리를 흑암의 권세에서 건져내사 그의 사랑의 아들의 나라로 옮기셨으니"(골로새서 1:13)

> ✎ 당신은 길이요, 진리요, 생명이신 예수님을 만났는가? 언제, 어디서, 어떻게 만났는가? 예수님을 영접하고, 인격적으로 만난 사건에 대해 구체적으로 적어보라.

둘째, 말씀과의 만남을 통해 존재의 혁명이 일어난다.

우리는 학생들을 우리에게로 이끄는 것이 아니라 말씀 가운데로 이끌어야 한다. 하나님의 말씀은 우리를 통해서도 들을 수 있지만, 학생들이 말씀과 직접 만날 수 있도록 도와주는 것이 훨씬 중요하다. 하나님께서는 말씀으로 천지를 창조하셨다. 말씀은 곧 예수님이며, 살아 있는 능력이다.

"믿음으로 모든 세계가 하나님의 말씀으로 지어진 줄을 우리가 아나니 보이는 것은 나타난 것으로 말미암아 된 것이 아니니라"(히브리서 11:3)

말씀이 천지를 창조한 것처럼, 우리를 새롭게 창조한다. 우리를 거듭나게 하는 것은 복음의 말씀뿐이다. 복음의 말씀과 만날 때 우리는 거듭나게 된다.

"너희가 거듭난 것은 썩어질 씨로 된 것이 아니요 썩지 아니할 씨로 된 것이니 살아 있고 항상 있는 하나님의 말씀으로 되었느니라" (베드로전서 1:23)

말씀은 결코 변하지 않는다. 실패하지도 않는다. 모든 것이 사라져도 말씀은 결코 사라지지 않는다.

"그러므로 모든 육체는 풀과 같고 그 모든 영광은 풀의 꽃과 같으니 풀은 마르고 꽃은 떨어지되 오직 주의 말씀은 세세토록 있도다 하였으니 너희에게 전한 복음이 곧 이 말씀이니라" (베드로전서 1:24~25)

우리는 말씀의 능력을 알고, 진리의 말씀의 능력 또한 알고 있다. 진리가 우리를 거룩하게 하고, 변화시키며, 자유롭게 한다. 때문에 우리가 할 일은 온전히 말씀 가운데로 나아가는 것이다. 섬기는 학생들을 말씀으로 인도하는 것이다. 말씀이 우리 존재 속에 스며들 때 존재의 혁명이 일어난다.

"말씀이 육신이 되어 우리 가운데 거하시매 우리가 그의 영광을 보니 아버지의 독생자의 영광이요 은혜와 진리가 충만하더라" (요한복음 1:14)

나는 말씀을 사랑하고 묵상하며, 그 말씀에 순종하면서 나 자신의 존재 혁명을 경험했다. 말씀이 나의 존재 속에 스며들어, 그 말씀과 함께 더불어 사는 은총을 경험한 것이다. 말씀은 어느 특정한 사람을 위한 것이 아닌 우리 모두를 위한 것이다.

> 당신도 말씀을 사랑하고 묵상하며, 그 말씀에 순종하는 중 존재의 혁명을 경험한 적이 있는가? 당신의 존재 속에 스며들어 말씀과 더불어 사는 은총을 누린 경험을 적어보라.

역사를 변화시킨 인물들을 연구해보면, 우리는 성경과의 만남이 그들의 생애를 변화시킨 것을 쉽게 알 수 있다. 에이브러햄 링컨(Abraham Lincoln)은 그의 대통령 취임식 석상에서 조그맣고 낡은 성경책을 들고 나와 다음과 같이 고백했다.

> 이 낡은 성경책은 바로 어머님께서 저에게 물려주신 성경입니다. 저는 이 성경책으로 말미암아 대통령이 되어 여기 이 자리에 서게 되었습니다. 저는 성경 말씀대로 이 나라를 통치할 것을 약속합니다. _에이브러햄 링컨

백화점 왕으로 알려진 존 워너메이커(John Wanamaker)의 전기가 전광 목사님에 의해 출판되었다. 그는 정규 교육을 2년밖에 받지 못했지만, 훌륭한 사업가였다. 뿐만 아니라 체신부 장관으로 세계주일학교연합회 총재까지 역임했다. 주일 성수와 주일학교 교사를 못한다면 장관직을 수락할 수 없다고 당당히 밝혔던 것이다. 그런 그가 섬겼던 베다니교회의 주일학교는 당시 무려 5,000명의 어린이들이 모였다고 한다. 그는 자신을 위대하게 만든 것은 성경이었다고 분명하게 고백한다.

84세였던 1921년, 사업가로서 60년을 맞은 기념행사에서 한 기자가 그에게 질문을 던졌다. "회장님, 지금까지 투자한 것 중에서 가장 성공적인 투자는 무엇이었습니까?" 그는 답변을 마음속에 담고 있었다는 듯, 한 치의 머뭇거림도 없이 이렇게 대답했다. "내가 10살 때 최고의 투자를 한 적이 있지요. 그때 나는 2달러 75센트를 주고 예쁜 가죽 성경 한 권을 구입했어요. 이것이 내 인생에 있어서 가장 위대한 투자였습니다. 왜냐하면 그 성경이 오늘의 나를 만들었으니까요." 기자가 다시 물었다. "그렇다면, 성경만 구입하면 성공할 수 있나요?" "그렇지 않습니다. 먼저 하나님을 믿고, 말씀을 실천해야지요. 하나님을 신뢰하고 즐겁고 기쁘게 일하다 보면 성공은 어느새 자신의 옆에 다가와 있게 됩니다."   _전광 저, 『성경이 만든 사람』(생명의말씀사) 22~23쪽

존 워너메이커는 세계주일학교연합회 총재로 선출된 후, 세계주일학교대회에서 다음과 같은 메시지를 전했다.

저는 주일학교에서 배운 성경 교육이 저의 일생에 기본적인 교육이 되었습니다. 여러분도 알다시피 저는 세상적인 공교육은 거의 받지 못한 사람입니다. 그러나 주일학교에서 평생 성경을 공부했고, 그 시간은 제 인생에서 가장 즐

거운 시간이었습니다. 다른 데서는 얻을 수 없는 지식을 성경을 통해 배웠습니다. 또한 성경으로 제 인생의 확고한 삶의 원칙과 기초를 세웠고, 성경의 바탕 위에 저의 인격과 사업을 건설하려고 노력했습니다. 그리고 제가 받았던 이 주일학교 교육이 너무나 귀했기에 이 사역을 위하여 제 인생 전부를 투자했습니다.

저는 성경에서 구세주 되신 예수님을 만났으며, 주님 안에서 제 인생의 변화를 경험하게 되었습니다. 저는 연약하고 보잘것없는 인생이었지만 저의 힘과 능력이 되신 하나님을 신뢰하고 그분과 동행했을 때, 모든 두려움은 사라졌고 무엇이든 할 수 있는 용기와 확신을 얻게 되었습니다. 성경을 읽을 때마다 새로운 아이디어와 비전을 주신 하나님을 찬양합니다.

_전광 저, 『성경이 만든 사람』(생명의말씀사) 232~233쪽

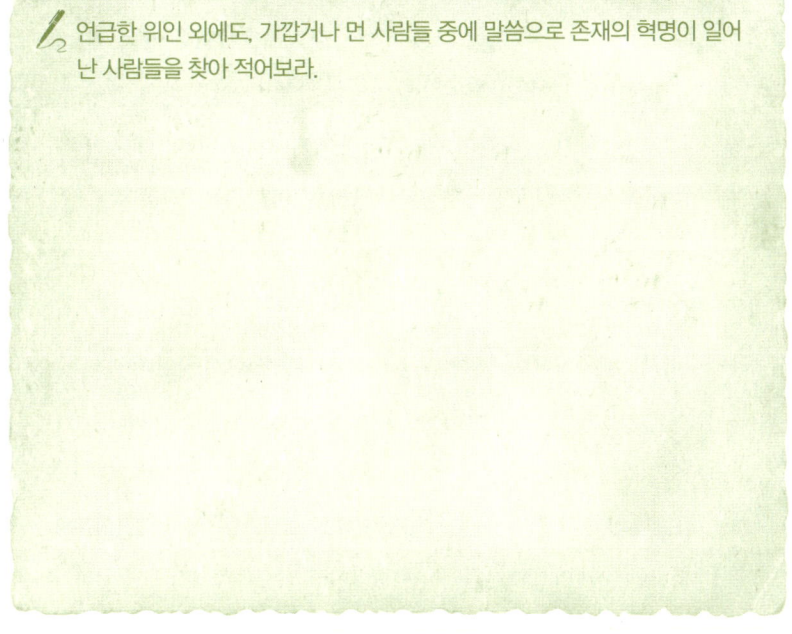

언급한 위인 외에도, 가깝거나 먼 사람들 중에 말씀으로 존재의 혁명이 일어난 사람들을 찾아 적어보라.

셋째, 훌륭한 스승과의 만남을 통해 존재의 혁명이 일어난다.

좋은 만남은 우리의 전 존재를 바꾸어 놓는다. 특히 훌륭한 스승과의 만남은 우리 인생을 변화시켜 준다. 훌륭한 스승과의 만남은 눈뜸이다. 훌륭한 스승을 만나면 눈이 열리는 경험을 하게 된다. 우리의 눈을 열어주어 우리의 모습을 보게 해 주는 스승은 훌륭한 스승이다. 우리를 예수님께로 인도해 주고, 말씀 가운데로 인도해 주는 스승은 진정 훌륭한 스승인 것이다.

> 인생에는 가끔 신비한 만남이 찾아와서 우리를 인정해 주고 우리가 어떤 사람이 될 수 있는가를 일깨워 준다. 그리하여 우리가 가진 큰 가능성이 비로소 빛을 발하기 시작한다.
> _루스티 베르쿠스

나는 폴 투르니에(Paul Tournie)라는 의사를 참 좋아한다. 그래서 그분이 쓴 책들을 즐겨 읽는다. 폴 투르니에는 의사지만, '인격치유'라는 새로운 영역을 창시한 분이다. 그가 인격치유에 관심을 갖게 된 것은 한 선생님과의 인격적인 만남, 인격적인 대화를 통해 그의 생애가 치유되었기 때문이라고 한다. 그의 생애 속에 존재의 혁명이 일어났던 것이다. 그는 『귀를 핥으시는 하나님』(비전북)이란 책에서 만남과 대화가 그를 어떻게 치유했는가에 대해 기록하고 있다.

> 나의 아버지는 목사이며 시인이었습니다. 내가 세상에 태어났을 때, 아버지는 70세의 고령이었고 내가 세상에 나온 지 두 달 만에 돌아가셨습니다. 어머니와 누님이 남았는데 어머니마저 6살 되던 해에 돌아가시고 말았습니다. 나는 어려서부터 사람들과 격리된 삶을 살아야 했고, 스스로의 삶을 개척해야 했습니다. 오늘날 사람들은 나를 보며 잘 성장하여 왔다고 말합니다. 그러나 그

렇지 않았습니다. 나는 참으로 비정상적인 아이였습니다. 얼굴에는 늘 그늘이 드리워져 있었고, 사람을 두려워하며 다른 아이들과도 잘 어울리지를 못 했습니다. 아이들과 함께 이야기를 나누려면 곧 할 말이 없어져 두려운 침묵이 생기곤 했습니다. 견디기가 너무나 힘들었습니다. 나의 어린 시절은 영적인 고독의 시기였습니다. 도저히 스스로 살아갈 수 없었습니다. 당시의 수많은 사람들이 나를 만났고 거쳐 갔지만 어느 누구도 내 마음속에 남아 있지 않았습니다.

16살 되던 해에 우리 학교의 한 선생님께서는 이 어려운 소년을 향하여 친절한 손길을 내밀었습니다. 어느 날, 그분이 나를 자신의 집에 초청한 것입니다. 이것이 나의 첫 번째 만남이었습니다. 그분의 작은 서재로 들어갈 때에 나는 두려워서 어쩔 줄을 몰랐습니다. 방 사면이 바닥부터 천장까지 책으로 가득 차 있었습니다. 나는 무슨 말을 해야 할지 몰랐고, 그분도 역시 머뭇거렸습니다. 그분은 비로소 입을 열어 말했습니다. "우리 이제는 터놓고 이야기하자. 나를 선생님이라 생각하지 말고 이야기해 봐. 우리는 둘 다 남자니까 남자 대 남자로 말하는 거야." 나는 비로소 한 사람을 만나게 된 것입니다.

처음으로 나에게도 가능성이 있다는 사실을 깨달았습니다. 그 후 모든 인간에게는 가능성이 있다는 사실을 알게 되었고, 그분이 내게 중요한 계기를 만들어 주었다고 생각했습니다. 그를 통해 내가 존재한 것입니다. 나는 이미 선생님 앞에 서 있는 학생이 아니었습니다. 한 인간 앞에 서 있는 한 인간이었습니다.

……

선생님과 나 사이에는 이러한 밀접한 관계가 형성되어 몇 년간을 매주에 한 번씩 만났습니다. 결혼 후 우리를 처음으로 초대해 준 분도 그 선생님이었습니다. 그리스 문화를 가르치는 그분은 또한 철학자이셨기 때문에, 우리는 장

시간 지적인 토론에 열중하기도 했습니다. 나도 이제는 사회에서 나 자신의 생각을 표현할 줄 아는 사람이 되었습니다. 이처럼 사람들과 마음대로 대화할 수 있게 되었다는 사실이 신기하게만 느껴졌습니다. 대학에 들어갔을 때에는 총학생회장이 되었고 조핑겐(Zofingen)의 학생노조 중앙 의장까지 되었습니다. 적십자 대표로서 나는 러시아의 전범들을 본국으로 송환하는 일에 앞장섰고, 종교적으로는 '칼빈으로 돌아가자'는 운동을 확산하여 제네바에 있는 교회들에 큰 파문을 일으키기도 했습니다. 인생의 새로운 출발점이 되었던 이 전환점은 내게 새로운 세계로의 길을 열어 주었습니다.

_폴 투르니에 저, 『귀를 핥으시는 하나님』(비전북) 22~25쪽

폴 투르니에의 생애에서 한 선생님과의 만남과 대화는 고아와 같이 살았던 그를 치유하는 계기가 되었다. 소심했던 그를 치유했고, 자신을 표현할 줄 몰랐던 그를 치유했다. 다시 말해 자신을 표현할 줄 아는 인물이 되게 했고, 나아가 그를 지도자로 성장시킨 것이다.

인생에서 가장 소중히 여겨야 할 것은 '만남과 대화'이다. 우리 생애 가운데 폴 투르니에가 경험했던 한 선생님과의 만남과 같은 경험을 하는 것은 하나님의 은총의 사건이다. 그는 훌륭한 선생님과의 만남을 통해 존재의 혁명을 경험했다.

> 당신의 인생에 존재의 혁명을 일으켜준 교회학교(주일학교) 선생님 또는 멘토가 있는가? 어떤 사건을 경험했는지 구체적으로 적어보라.

넷째, 좋은 책과의 만남을 통해 존재의 혁명이 일어난다.

나는 책 속에 길이 있다고 믿는다. 나의 인생은 책이 만들어낸 인생이라고 해도 과언이 아니기 때문이다. 그리고 책 중에 책인 '성경'이 바로 오늘날의 나를 만들었다. 물론 수많은 좋은 책들이 나를 만들었다. 그래서인지 나의 가장 중요한 일과 중 하나는 좋은 책과의 만남을 주선하는 일이다.

책은 인류가 체험하고 사색하며 연구한 것을 기록해 놓은 '말 없는 교사'이다. 책에는 위인들의 업적과 교훈이 담겨져 있고, 과학 문명의 발자취가 새겨져 있다. 고대의 위인이나 천재와도 대화를 나눌 수 있고, 먼 나라의 저명한 교수의 강의도 자유롭게 들을 수 있다. 때문에 나는 독서를 아주 중요하게 생각한다. 독서는 나의 지성을 계발하도록 도와주었고, 풍부한 감성을 소유하게 만들어 주었다. 더불어 깊은 영성을 겸비할 수 있도록 도와주었다.

우리는 독서를 할 때 우리에게 날개가 있음을 발견하게 된다.

_헬렌 헤이즈(Helen Hayes)

또한 좋은 책과의 만남이 중요한 것은, 좋은 책을 통해 책을 쓴 저자들을 만날 수 있기 때문이다. 책을 통해 그들과 만나서 간접적이나 대화할 수 있다. 책 가운데 전기를 접할 때, 우리는 존재의 혁명을 일으킬 수 있는 인물들을 만나게 된다.

기독교 교육의 중요한 한 부분은 전기와 같은 좋은 책을 읽게 하는 것이다. 그것은 …… 하나님께서 자신의 목적을 성취하시기 위해서 헌신된 사람들의 생애 속에 간섭하시고 역사하시는 것을 배우게 된다.

_랜섬 쿠퍼(Ransome W. Cooper)

에이브러햄 링컨의 생애 가운데 '성경책'과의 만남은 참으로 중요했다. 더불어 그의 어린 시절에 인생을 결정지어준 세 권의 책과의 만남이 있었다. 그것은 바로 『워싱턴 전기』와 『천로역정』 그리고 『이솝 우화』이다. 성경과 함께 이 세 권의 책은 그에게 있어서 존재의 혁명을 일으켜준 책들이다. 특히 워싱턴의 전기는 그로 하여금 대통령이 되는 꿈을 심어주는 계기가 되었다.

이처럼 좋은 책과의 만남은 정말 중요하다. 좋은 책은 우리가 필요한 모든 지식을 제공해 준다. 우리의 인격을 형성시켜 주며, 우리에게 고상한 이상을 심어준다. 뿐만 아니라 소중한 가치관을 갖도록 도와주며, 꿈을 성취할 수 있는 원리와 방법과 전략을 가르쳐 준다.

✎ 당신에게도 존재의 혁명을 일으켜준 책이 있는가? 어떤 책인지, 가능하면 그 이유도 함께 적어보라.

다섯째, 고난과의 만남을 통해 존재의 혁명이 일어난다.

우리는 고난과 고통을 통해 인생의 새로운 전기를 맞이하게 된다. 고난은 하나님께서 우리를 변화시키기 위해 사용하시는 거룩한 도구다. 우리는 위기의 순간에 진정한 우리 자신을 만나게 된다. 그리고 변화를 열망한다. 고난을 만나기 전까지는 우리 안에 있는 진정한 가능성과 잠재력을 깨닫지 못한다.

훌륭한 스승은 고난을 피하도록 도와주는 사람이 아니다. 고난을 직면하도록 도와주는 사람이 진정한 스승이다. 고난을 통과하도록 도와주고, 고난을 통해 변화와 성숙을 경험하도록 도와주는 사람이 진짜 스승인 것이다. 훌륭한 스승은 고난을 배움의 기회로 삼도록 도와준다. 나는 고난을 스승으로 삼아 살아왔다. 그래서 고난 중에 있는 사람들에게 고난을 스승으로 삼으라고 권면하곤 한다.

"고난 당하기 전에는 내가 그릇 행하였더니 이제는 주의 말씀을 지키나이다"
(시편 119:67)

고난의 풀무를 통과할 때 우리의 존재는 변화된다. 거룩해지고 빛나게 된다. 즉, 고난의 풀무에서 깨어지고 부서지는 과정을 통해 우리는 우리 안에 있는 참된 자아가 새롭게 태어난다. 때문에 하나님께서는 자기 백성을 고난의 풀무 가운데서 부르신다.

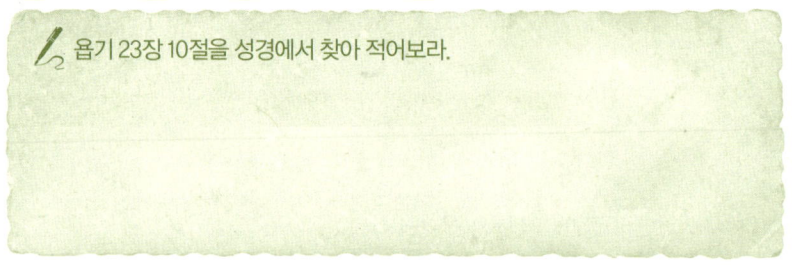

욥기 23장 10절을 성경에서 찾아 적어보라.

"여호와께서 너희를 택하시고 너희를 쇠 풀무불 곧 애굽에서 인도하여 내사 자기 기업의 백성을 삼으신 것이 오늘과 같아도"(신명기 4:20)

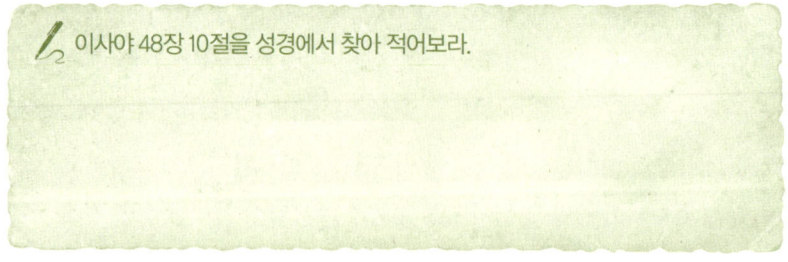

이사야 48장 10절을 성경에서 찾아 적어보라.

✎ 당신의 인생에서 인격이 변화된 사건이 있었는가? 존재의 혁명을 일으킨 고난은 무엇이었는지 구체적으로 적어보라.

존재의 혁명은 깨달음을 통해 일어난다

교사는 깨달음을 생명처럼 여겨야 한다. 깨닫지 못하면 아무 일도 일어나지 않는다. 때문에 교사는 먼저 깨달아야 한다. 그리고 학생들을 깨우쳐 주어야 한다.

"주 여호와께서 학자의 혀를 내게 주사 나로 곤핍한 자를 말로 어떻게 도와 줄 줄을 알게 하시고 아침마다 깨우치시되 나의 귀를 깨우치사 학자같이 알아듣게 하시도다"(이사야 50:4)

예수님께서도 가장 중요하게 여겼던 것이 바로 깨달음이다. 예수님은 깨달음을 생명처럼 여기셨다.

"그러므로 내가 그들에게 비유로 말하는 것은 그들이 보아도 보지 못하며 들어도 듣지 못하며 깨닫지 못함이니라 이사야의 예언이 그들에게 이루어졌으니 일렀으되 너희가 듣기는 들어도 깨닫지 못할 것이요 보기는 보아도 알지 못하리라 이 백성들의 마음이 완악하여져서 그 귀는 듣기에 둔하고 눈은 감았으니 이는 눈으로 보고 귀로 듣고 마음으로 깨달아 돌이켜 내게 고침을 받을까 두려워함이라 하였느니라"(마태복음 13:13~15)

깨닫지 못하면 고침도 받지 못한다. 깨닫지 못함은 존재의 혁명을 경험할 수가 없다. 존재의 혁명을 다른 말로 표현하면 '인격의 변화'이다. 성경은 인격의 변화를 '열매'라는 말로 표현한다. 깨달을 때 열매를 맺게 되는 것이다.

"좋은 땅에 뿌려졌다는 것은 말씀을 듣고 깨닫는 자니 결실하여 어떤 것은 백 배, 어떤 것은 육십 배, 어떤 것은 삼십 배가 되느니라 하시더라"(마태복음 13:23)

첫째, 깨달음을 통해 하나님을 알게 된다.

우리 지식의 근본은 하나님을 아는 것이다. 앎은 하나님을 아는 것을 의미한다. 하나님을 알 때 모든 것이 열린다. 반면, 하나님을 아는 지식이 없을 때에는 망하게 되어 있다.

> 호세아 4장 6절을 성경에서 찾아 적어보라.

하나님께서 가장 원하시는 것은 바로 하나님을 아는 것이다.

✎ 호세아 6장 6절을 성경에서 찾아 적어보라.

✎ 당신은 하나님을 어떻게 알게 되었는가?

둘째, 깨달음을 통해 자아를 발견하게 된다.

우리는 하나님을 만날 때 깨달음을 얻게 된다. 하나님을 만나 깨달음을 얻게 되면 우리는 우리 안에 있는 두 가지 모습을 발견하게 된다. 하나는 죄인 된 모습이요, 또 하나는 우리의 사명을 발견하게 된다.

> "그 때에 내가 말하되 화로다 나여 망하게 되었도다 나는 입술이 부정한 사람이요 나는 입술이 부정한 백성 중에 거주하면서 만군의 여호와이신 왕을 뵈었음이로다 하였더라"(이사야 6:5)

우리는 우리의 사명을 발견하게 됨에 따라 존재의 이유를 발견하게 된다. 그리고 우리 안에 있는 무한한 가능성을 발견하게 된다.

> "내가 또 주의 목소리를 들으니 주께서 이르시되 내가 누구를 보내며 누가 우리를 위하여 갈꼬 하시니 그 때에 내가 이르되 내가 여기 있나이다 나를 보내소서 하였더니"(이사야 6:8)

이것이 바로 존재의 혁명이다. 자신의 죄인 된 모습 속에서 절망을 선언하고, 하나님의 은혜 속에서 희망을 선포하는 것이다. 그리고 자신의 사명을 발견하는 것이다. 사명을 발견하기 위해 우리가 발견해야 하는 것은 무엇인가? 교사가 학생들의 눈을 열어줄 때 무엇을 발견하도록 도와주어야 하는가? 교육의 목적은 우리의 자아를 발견하고 우리 자신을 표현할 줄 아는 데 있다. 곧 자아를 알고, 자아를 정의할 수 있도록 도와주는 것이 교육의 목적이다.

교육의 목적은 사람에게, 자신과 세계의 관련성 속에서 자기 자신을 진정으로 그리고 자발적으로 정의하는 법을 보여 주는 것이다. 세계가 이미 가공해 놓은 정의나, 그 개인이 자신이 멋대로 만들어 내는 정의를 부여하는 것이 아니라는 말이다.
_토마스 머튼(Thomas Merton)

🍃 자신의 재능을 발견하도록 도와주어야 한다.

재능은 선택할 수 있는 것이 아니다. 깨달아지는 것이고, 발견하는 것이다.

모든 사람에게는 천직이 있다. 천직을 갖는 데 가장 중요한 역할을 하는 것이 재능이고, 재능은 곧 사명이다. _랄프 왈도 에머슨(Ralph Waldo Emerson)

당신의 재능과 세상의 필요가 교차되는 그곳에 당신의 사명이 있다.
_아리스토텔레스(Aristoteles)

사람은 누구나 특별한 일을 하도록 만들어졌고, 모든 사람의 마음속에는 그 일을 하고 싶은 욕망이 있다. _루미(Rūmī)

재능을 표현할 때 우리의 기분도 좋아진다. 왜냐하면 우리가 태어나면서부터 잘하는 일을 할 때는 즐겁기 때문이다. 우리는 자기 자신을 표현할 때는 기쁨을 느끼지만, 자연스런 자기 표현이 어느 정도 차단당하면 고통을 경험한다.
_로렌스 볼트

🍃 자신의 은사를 발견하도록 도와주어야 한다.

은사는 성령님께서 주시는 것이다. 재능과 은사는 같이 만날 수도 있고, 서로 다를 수도 있다. 은사는 여러 가지 일을 하는 과정에서 발견하게 된다. 재능과 은사를 발견하기 위해 다음과 같은 질문을 스스로 해 보라.

- 나는 무엇을 하기 위해 태어났는가?
- 내가 이 세상에 가장 큰 공헌을 할 수 있는 것은 무엇인가? 나는 어떤 재능을 다른 사람들에게 나눠주고자 하는가?
- 내가 정말 사랑하면서 할 수 있는 일은 무엇인가? 나에게 가장 자연스러운 일은 무엇인가? 나의 재능은 무엇인가?
- 나의 인생을 가장 효과적으로 사용할 수 있는 길은 무엇인가? 나는 무엇에 내 자신을 헌신할 준비가 되어 있는가?
- 하나님께서 내게 주신 성령의 은사는 무엇인가? 내가 속한 공동체에 어떤 기여를 할 수 있는가?

✎ 당신의 재능과 은사는 각각 무엇인가? 재능과 은사가 같은 사람도 있을 것이고, 다른 사람도 분명 있을 것이다. 재능과 은사를 바로 아는 사람이어야 다른 사람의 재능과 은사도 찾을 수 있도록 도와줄 수 있음을 명심하라.

재능	은사

자신의 기질을 발견하도록 도와주어야 한다.

교사가 할 일은 섬기는 사람들의 기질을 발견하도록 도와주는 것이다. 하나님은 우리의 기질을 아신다.

"이는 그가 우리의 체질을 아시며 우리가 단지 먼지뿐임을 기억하심이로다"
(시편 103:14)

기질을 연구한 사람들은 사람의 기질을 구분할 때, 보통 네 가지로 구분한다. 다혈질(베드로), 담즙질(바울), 우울질(요한), 점액질(아브라함)이다. 기독교적 기질 연구의 선구자는 팀 라헤이(Tim LaHaye)라고 해도 과언이 아니다. 나는 기질을 연구한 분들의 책을 통해 사람들의 기질을 이해하게 되었고, 나 자신의 기질을 이해함으로 자신을 이해하는 데 큰 도움이 되었다. 네 가지 기질은 조금씩 섞일 수 있지만, 대부분의 사람들은 자신 나름대로의 기질을 가지고 태어난다. 우리가 기억해야 할 사실은 하나님께서는 각 사람의 기질에 따라 역사하신다는 점이다. 내가 다양한 책들을 통해 깨달은 기질에 대한 이해는 다음과 같다. 더욱 깊은 연구를 위해 마지막에 〈참고도서〉를 남긴다.

다혈질

다혈질의 사람은 온화하고 낙천적이며 생기가 있다. 모든 것을 즐기는 기질이다. 늘 에너지가 넘친다. 이 사람은 권태하고는 거리가 먼 사람이다. 정이 많아서 동정적이다. 감정에 의해 결단을 내릴 때가 많다. 말에 궁함을 느끼지 않게 화술에 능하다. 무대 체질이다. 모든 사람의 기분을 즐겁게 하고 사람들의 마음을 따뜻하게 만든다. 많은 친구를 사귀는 것을 좋아한다. 혼자 있는 것보다 다른 사람과 함께 있기를 좋아한다. 사람들에게 둘러싸일 때 즐거움을 느낀다. 혼자 있을 때보다 다른 사람과 함께 만나 교제할 때 더욱 힘을 얻는다. 떠들썩하고 친절한 행동은 실제보다 자신을 더 자신만만해 보이게 한다.

약점으로는 가만히 있지 못해 불안정하고 의지가 좀 약하다. 감정의 기복이 심한 편이다. 일을 시작하고 끝을 잘 맺지 못하는 경우가 있다. 자기 자신을 나타내기 좋아한다. 자기중심적이고 이기적이다. 가끔 생각 없이 말을 하여 실수를 하기도 하지만, 그의 개방적인 진실성은 듣는 사람들을 충분히 이해시킨다. 또한 그의 명랑함과 친절 때문에 단점은 종종 감싸지곤 한다.

성경의 인물 가운데 '베드로'가 이 기질에 속한 사람이다.

담즙질

담즙질의 사람은 주도적이고, 모험심이 강하며, 열정적이다. 또한 과업 지향적으로, 성격이 급한 편이다. 능동적이고 실제적이며 조직적이고 의지가 강한 기질이다. 그러나 고집이 센 편이다. 자타의 일을 막론하고 결정을 잘 내린다. 때로는 자신만만하며 독립적이다. 끊임없는 생각과 계획 그리고 야망으로 주위를 자극한다. 실제적이고 예리한 지성을 가지고 있어 장기적인 계획을 훌륭하게 세우고 그 계획을 성취한다. 감정적으로는 다른 사람의 생각에 쉽게 동요하지 않는다. 사회적인 불의나 불법에 곧잘 맞서곤 한다. 역경에 처했을 때에는 오히려 역설적으로 힘을 얻고 더욱 강한 모습을 보인다. 목적을 향해 끈질기게 노력하는 까닭에 남이 실패하는 부분에서 잘 성공한다.

약점으로는 성급하고 거칠며 화를 잘 내고 오만하게 보인다. 과업을 성취하는 것이라면 사람에게 상처를 주는 것을 대수롭지 않게 여긴다. 목표만 보는 경향 때문에 목표를 달성하기 위해서 방해되는 사람을 짓누르고 질주한다. 사람을 이용하는 데 주저하지 않는다. 때문에 기회주의자라는 말을 듣곤

한다. 타고난 지도자로 항상 남을 지도하는 일을 한다.
성경의 인물 가운데 '바울'을 들 수 있다.

우울질

우울질의 사람은 수줍음을 잘 탄다. 분석적이고, 신실하다. 희생적이며 재능이 많고 완전주의자라 할 수 있다. 감수성이 예민하다. 비판적이고, 때로는 비관적이다. 자기에게 상처를 준 대상을 향한 복수심이 있다. 겉으로 표현하지 않지만, 마음에 복수심을 품고 사는 경향이 있다. 예술을 즐기고 감상한다. 천성이 약간 내성적이지만, 한번 감정이 움직이기 시작하면 자신의 감정을 잘 표현한다.

약점으로는 우울과 침체 속에서 자신을 움츠리고 반항적인 태도를 취한다. 기분이 날 때에는 외향적인 활동을 하는 때도 있다. 친구를 쉽사리 사귀지 못한다. 하지만 한번 누군가를 믿고 사귀면 충실한 관계를 갖는다. 자기 자신이 다른 사람들을 찾아 나서기보다는 오히려 남들이 자기에게 오도록 하는 사람이다. 사람 앞에 나서기 싫어하는 천성을 갖고 있다. 사람을 좋아하며 그들에게 사랑 받고 싶은 욕망을 갖고 있다. 하지만 자기를 더 알고 싶어 하는 사람을 의심하는 경향이 있다. 그래서 너무 가까이 접근하는 사람을 경계하기도 한다. 진정성이 없이 칭찬할 때, 그 칭찬을 의심한다. 개인적인 희생을 통해 생의 보람을 느끼고, 천재적 기질을 갖고 있다.

성경의 인물 가운데는 '엘리야'와 '사도 요한'과 같은 사람이 이에 속한다.

점액질

점액질의 사람은 원만하고, 융통성이 있으며, 편안하다. 조용하고 냉정하며 느리고 태평한 기질의 사람이다. 인생에 별로 흥분할 일이 없다고 생각하는 경향이 있다. 그래서 인생에 깊이 관여하지 않는다. 항상 조용하고 태평하기 때문에 웬만해서는 화를 버럭 내지 않는다. 크게 웃으며 웃음보를 터뜨리는 일이 없다. 항상 감정을 잘 조절한다. 겉으로는 소심해 보이나 실제로는 많은 재주를 갖고 있고, 감정적이며 예술적이다. 친구가 많으며, 다른 사람을 웃게 하면서도 자신은 절대로 웃지 않는 사람이다. 중재를 잘 한다. 기억력이 좋고 유머를 잘 찾아내며 좋은 것은 모방도 잘 한다. 친절하고 동정심이 많으나 실제적으로는 잘 나타내지 않는다. 스스로 나서서 지도자가 되지는 않지만, 한번 일이 맡겨지면 능력 있는 사람이라는 것이 증명되도록 훌륭히 일을 해 낸다. 그가 하는 일은 항상 깔끔하고 효과적이다.

약점으로는 태만하고 고집이 강하며 우유부단하다. 다른 사람을 조롱하면서 재미를 느끼는 사람이다.

성경의 인물 가운데는 '아브라함'이 여기에 속한다.

지금까지 살펴본 네 종류의 기질은 모두 장점과 약점을 가지고 있다. 그런데 팀 라헤이에 의하면, 사람이 성령의 충만을 받고 말씀에 따라 성령 안에서 생활을 계속하면 성령의 열매로 각 기질의 약점들이 보완된다고 한다. 기질도 변화될 수 있다고 믿는다. 또한 장점의 기질들이 더 충실하게 열매를 맺어 하나님께서 기뻐하시는 기질과 인격의 사람이 된다고 한다(팀 라헤이, 『성령과 기질』, 생명의말씀사, 11~13쪽 참조). 중요한 것은 사람마다 그 기질이 다르고, 하나님께서는 그 기질에 따라 우리를 사용하신다는 것이다.

베드로는 베드로의 기질에 따라 초대 교회의 지도자로 세워졌다. 베드로는 기질상 앞장서기를 좋아했다. 질문하는 것도 좋아하고, 묻는 질문에도 제일 먼저 대답하는 사람이기도 했다. 또한 칭찬 듣는 것을 좋아했다. 감정이 풍부하고, 의협심도 강했으며, 사람들을 품었을 뿐만 아니라 잘 이끌었다. 그러나 반면에 그는 실수도 많고 통곡할 줄도 알았다.

바울의 과업지향적인 기질은 그를 세계복음화의 사명 완수를 위해 목숨까지도 바칠 수 있게 하였다. 다른 사람에게 상처를 주기도 하고, 결단력 때문에 마가 요한과 같이 선교 도중에 탈락한 사람을 쉽게 보아 내지도 못 했다.

엘리야는 굉장히 열정적인 선지자였다. 하지만 그는 주로 혼자 일을 했던 사람이다. 그래서 외로웠다. 또한 우울질이 강해 엄청난 영적 침체를 경험했다. 하나님께서는 나중에 그에게 엘리사를 제자로 붙여 주셨다. 그는 엘리사와 동역함으로 그의 우울질이 보완되는 것을 보았다.

바나바와 같은 인물은 본인을 드러내지 않으면서도 다른 사람을 앞세워 위대한 일을 성취하게 하는 사람이다. 그는 바울을 앞세워 위대한 일을 성취하게 했다. 그는 일보다는 사람을 중요하게 여겼다. 비록 일이 조금 더디다 할지라도 사람을 소중히 여겼다. 바울이 한때 포기했던 마가 요한을 제자로 키운 사람이기도 하다. 또한 그를 베드로에게 맡겨 훌륭한 제자로 양육했다. 무대 뒤에 서서 일하면서 하나님의 뜻이 이루어지는 것으로 만족을 누렸던 사람이다. 하나님께서 쓰시는 인물들은 이처럼 그 기질에 따라 달랐다.

사람마다 어떤 기질이 두드러지기도 하지만, 두 개의 기질이 섞이는 경우도 있다. 나의 경우에는 우울질과 담즙질이 섞여 있다. 혼자 있기를 좋아하고, 혼자 있을 때 힘을 얻는다. 또한 목표를 설정하고, 목표 달성을 위해 집중할 때 굉장한 힘을 얻게 된다. 과업을 성취하는 것을 좋아한다. 하지만 성령님을 의지해서 목회를 하는 중 사람을 점점 더 잘 품게 되었다. 또한 예리하고 날카로운 성품이 점점 무디어지고, 사람들에게 관대한 성품이 계발되는 것을 경험했다. 이런 과정을 통해 내 안에 하나님께서 심어주신 기질을 이해할 뿐만 아니라 성령님의 도우심을 통해 예수님을 닮은 성품으로 변화되는 것을 경험했다.

우리가 이런 기질들을 통해서 나 자신의 기질을 정확하게 아는 것이 중요하다. 사람들과의 관계를 형성하는 데 중요한 역할을 하기 때문이다. 나 자신의 기질을 정확하게 알면 다른 사람에게 자신이 어떤 기질의 사람이라는 것을 말함으로 상대방을 이해시킬 수가 있다. 또한 다른 사람을 대할 때 그 기질에 따라 지혜롭게 대할 수가 있다.

> **참고도서**
> - 팀 라헤이 저, 『성령과 기질』, 생명의말씀사.
> - 베블리 라헤이, 『기질과 자녀교육』, 생명의말씀사.
> - 도나 파토, 『기질과 가정생활』, 생명의말씀사.
> - 플로렌스 리타우어, 『부부를 위한 기질 플러스』, 에스라서원.

🌱 **자신의 성향을 발견하도록 도와줘라.**

사람마다 성향에는 차이가 있다. 기질과 관련되어 드러나는 성향이다. 어떤 것은 유전처럼 드러나기도 한다. 아브라함은 거짓말하는 성향이 있었고, 그것이 이삭과 야곱에게도 나타났다. 우리는 부모님과 나 자신에게 있는 성향을 잘 관찰하여 발견해 성향을 다룰 수 있어야 한다.

✎ 당신의 기질과 성향은 어떠한가? 객관적이고, 구체적이게 적어보라.

🍃 **자신의 장점을 발견하도록 도와줘라.**

장점을 발견하고 장점에 초점을 맞추도록 도와주는 것은 매우 중요하다. 인생을 승리한 사람들의 비결은 언제나 장점에 초점을 맞춘 사람들이기 때문이다. 장점은 곧 재능이다.

> 우리들은 자신의 약점을 모른다고 해서 비난을 받지만, 자기 장점을 아는 사람은 더 소수다. 때로 주인도 알지 못하는 금광맥이 땅 속에 있는 경우가 있듯이 사람의 경우에도 그렇다. _조너던 스위프트(Jonathan Swift)

> 재능을 안다는 것은 자신의 장점을 아는 것이며, 이러한 앎은 우리의 행복에 없어서는 안 될 요소이다. _로렌스 볼트

자신의 약점을 발견하도록 도와줘라.

약점을 발견하고, 약점을 극복할 수 있도록 도와주는 것도 매우 중요하다. 약점을 극복하는 길은 약점을 선용하는 것이기 때문이다. 다시 말해, 약점을 오히려 강점으로 바꾸는 것이다. 이에 우리뿐 아니라 학생들에게도 약점을 극복하고 강점에 집중하도록 도와주어야 한다.

지도자란 자신을 있는 그대로 알며, 또 자신의 강점과 약점이 무엇인지를 알고 자신의 강점을 완전하게 펼치는 법과 약점을 보완할 수 있는 법을 안다는 것이다.

_워렌 베니스(Warren Bennis)

당신의 장점과 약점은 각각 무엇인가? 당신의 약점을 강점으로 발전시킬 방안을 적어보라.

🍃 **자신의 열정을 발견하도록 도와줘라.**

열정은 거룩한 부담감이다. 또한 우리의 관심이라 할 수 있다. 열정이 있는 곳에서 일을 할 때 우리는 많은 열매를 맺게 된다.

🍃 **자신의 스타일을 발견하도록 도와줘라.**

사람마다 스타일이 다르다. 때문에 자신의 스타일을 알면 효과적으로 일할 수 있다. 스타일은 네 가지로 구분할 수 있다. 사람 중심인가, 아니면 일 중심인가? 또한 체계적인가, 아니면 비체계적인가? 교사는 학생들에게 이것을 잘 발견하도록 도와주어야 한다.

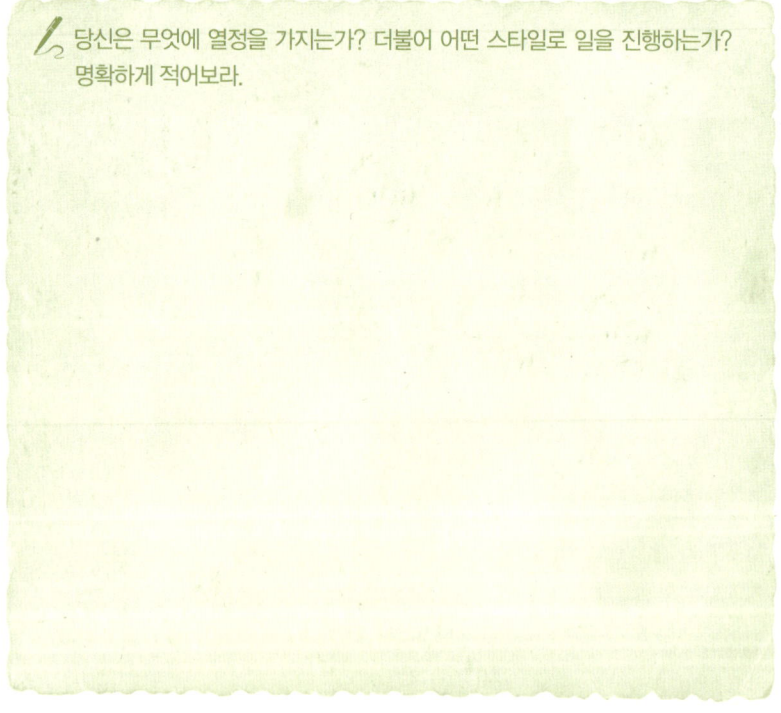

당신은 무엇에 열정을 가지는가? 더불어 어떤 스타일로 일을 진행하는가? 명확하게 적어보라.

지금까지 당신의 자아를 돌아보았다. 당신의 재능과 은사, 장점과 약점, 기질과 성향, 열정과 스타일을 찾아가면서 든 생각은 무엇인가? 또한 그동안 당신이 미처 발견하지 못했던 당신의 새로운 모습은 무엇이 있는지 적어보라.

존재의 혁명은 내면의 혁명을 의미한다

03

하나님의 관심은 우리의 내면에 있다. 사람은 외모를 보지만, 하나님께서는 우리의 중심을 보신다.

> 사무엘상 16장 7절을 성경에서 찾아 적어보라.

진정한 변화는 외부조직의 변화 이전에 학생들의 내면에서 시작된다는 사실을 기억하라. 때문에 교사가 초점을 맞추어야 할 부분은 먼저 마음의 생각이다.

한 사람이 계속적으로 변화하기를 원한다면, 그의 행동이 아닌 생각을 변화시켜라.
_하워드 헨드릭스(Howard G. Hendricks)

사람의 생각을 근본적으로 바꾸면, 그 사람의 인생에서 중요한 조건이 놀라울 만큼 빠르게 변화된다.
_제임스 알렌(James Allen)

🖊 당신은 그동안 인생 가운데 무엇에 관심을 가지고 투자하며 살았는가? 거울 보는 시간은 있어도, 성경을 읽거나 책을 읽는 시간은 없지 않았는가? 외면보다 내면을 가꾸는 삶을 살아야 한다.

하나님께서는 우리의 속사람이 그리스도의 형상을 닮길 원하신다.

✎ 갈라디아서 4장 19절을 성경에서 찾아 적어보라.

내면의 혁명은 급진적일 수 있지만, 내면의 변화는 지속적인 혁신을 통해서만 이룰 수 있다는 사실을 기억하라.

✎ 고린도후서 4장 16절을 성경에서 찾아 적어보라.

내면의 혁명이 일어나면 우리의 외적인 모습은 자연스럽게 변화된다.

> 내면은 끊임없이 외부로 나타난다. 사람의 마음가짐에 따라 그 사람의 인생이 결정된다. 사람의 생각은 행동으로 꽃이 피고, 그 행동은 성품과 운명이라는 열매를 맺는다.
> _제임스 알렌(James Allen)

우리에게 가장 의미 있는 삶은 우리 속의 깊은 내적 삶이다. 이 삶에서 우리는 자아의식, 양심, 독립 의지, 상상력이라는 독특한 인간 천부의 능력들과 관련을 맺는다. 이 천부의 능력들이 없으면, 삶의 질을 향상시키고 능력을 부여해 주는 비전을 창조하기란 불가능하다.

✎ 내면의 변화를 위해 당신은 앞으로 어떠한 노력을 꾸준히 해 나갈 생각인가? 당신의 계획을 구체적으로 적어보라.

결국 우리가 가져야 할 가장 중요한 관심은 우리 내면에 있다. 우리 내면에서 하나님을 만나고, 하나님과 교제하며, 자신과 대면한다. 일찍이 정신적 그리고 영적으로 영향을 끼쳤던 사람들의 공통점은, 그들은 항상 내면세계에 관심을 가졌고 내면세계를 우선적으로 관리할 줄 알았던 사람들이다.

우리 뒤에 무엇이 있느냐, 우리 앞에 무엇이 있느냐는 우리 안에 무엇이 있느냐에 비하면 아주 작은 문제이다. _랄프 왈도 에머슨(Ralph Waldo Emerson)

존재의 혁명은 예수님의 형상을 닮아가는 것을 의미한다

존재의 혁명은 예수님의 모습을 닮아가는 것이다. 다시 말해, 변화와 성숙을 통해 예수님을 닮아가야 한다. 진정한 가르침은 존재의 변화를 위한 가르침이다. 즉, 지식을 투입하는 것이 아니라 존재의 변화를 일으키는 것을 말한다. 지식이 존재화되는 것이 진정한 가르침의 목적이다. 하나님께서 우리를 향하신 궁극적인 목적은 우리 존재 속에 예수님의 형상이 이루어지는 것이다. 예수님을 만날 때, 성삼위 하나님과 교제하며 예수님을 닮아가는 존재의 혁명을 경험하게 된다.

"너희를 불러 그의 아들 예수 그리스도 우리 주와 더불어 교제하게 하시는 하나님은 미쁘시도다"(고린도전서 1:9)

✐ 요한일서 1장 3절을 성경에서 찾아 적어보라.

"우리가 다 수건을 벗은 얼굴로 거울을 보는 것 같이 주의 영광을 보매 그와 같은 형상으로 변화하여 영광에서 영광에 이르니 곧 주의 영으로 말미암음이니라" (고린도후서 3:18)

✐ 로마서 8장 29절을 성경에서 찾아 적어보라.

우리가 학생들을 존재의 혁명 속으로 인도하기 위해서는 존재의 혁명이 일어나는 과정을 잘 알아야 한다. 다음의 글을 통해, 존재 속에 예수님의 형상이 이루어지는 과정을 살펴보라.

존재 속에 예수님의 형상이 이루어지는 과정

- 인간은 본래 하나님의 형상으로 창조(형성)되었다(Formation).
- 죄로 말미암아 하나님의 형상이 뒤틀어지게 되었다(Deformation).
- 하나님의 형상을 회복하기 위해 복음의 정보를 받아야 한다(Information).
- 복음과 함께 하나님의 형상으로 다시 형성되는 개혁이 일어난다(Reformation).
- 하나님의 형상을 닮아가도록 존재의 변화가 일어난다(Transformation).
- 예수님의 형상을 점점 닮아가게 된다(Conformation – Sanctification).
- 예수님의 형상을 온전히 닮은 영화의 단계에 이르게 된다(Glorification).

✎ 존재 속에 예수님의 형상이 이루어지는 과정을 이해했는가? 그렇다면, 당신은 어느 단계에 속해 있는가? 그렇게 생각하는 이유는 무엇인가?

존재의 혁명은 진리에 순종하는 공간을 통해 이루어진다

존재의 혁명을 일으키는 가르침에 있어서 가장 중요한 것은 변화가 일어나는 공간을 만드는 것이다. 파커 팔머는 『가르침과 배움의 영성』(IVP)이라는 책에서 가르침을 다음과 같이 정의한다.

> 가르침이란 진리에 대한 순종이 실천되는 공간을 창조하는 일이다.
> _파커 팔머 저, 『가르침과 배움의 영성』(IVP) 157쪽

진정한 가르침이란 학생들로 하여금 존재의 혁명을 일으켜 주시는 하나님을 만날 수 있는 공간을 창조하는 것이다. 사람의 내면을 변화시키는 일은 하나님의 일이다. 때문에 우리가 할 일은 오직 하나님께서 역사하실 수 있도록 공간을 마련해 드리는 것뿐이다.

> 우리 속의 필요한 변화는 하나님의 일이지 우리의 일이 아니다. 필요한 일은 내부의 일에 대한 것이지 오직 하나님만이 그 내부의 일을 하실 수 있다.
> _리차드 포스터

✏️ 당신의 마음속에 진리에 순종하는 공간이 있는지 살펴보라. 만약 공간이 없다면, 그 이유는 무엇이라 생각하는가?

우리가 해야 할 일과 하나님께서 하시는 일이 있다. 다만, 인간은 하나님께서 일하실 수 있는 자리를 만들어 드리는 것뿐이다. 사도 바울은 이 사역에 대해 정확하게 이해하고 있었다.

"나는 심었고 아볼로는 물을 주었으되 오직 하나님께서 자라나게 하셨나니 그런즉 심는 이나 물 주는 이는 아무 것도 아니로되 오직 자라게 하시는 이는 하나님뿐이니라"(고린도전서 3:6~7)

공간을 창조하는 길은 침묵이요, 기다림이며, 질문하는 것이다. 우리가 학생들을 진리에 순종하는 자들로 만드는 것이 아니다. 오히려 그들이 스스로 자랄 수 있는 공간을 창조해 주는 것이 우리가 해야 할 일이다.

누군가를 가르칠 때 우리는 '내가 한다'라고 생각한다. 하지만 우리는 단순 지식을 주는 세상의 교사가 아님을 기억하라. 내 안에 먼저 진리에 순종하는 공간을 만들어보자. 내가 체험하지 않고 가르치는 것은 어불성설(語不成說) 이다.

존재의 혁명은 사랑의 혁명이다

가르침과 배움의 목적은 '사랑'이다. 예수님을 닮아가는 존재의 혁명은 사랑의 혁명이기 때문이다. 예수님은 사랑의 본체시다. 사랑 때문에 오셨기에 우리에게 사랑하도록 명하셨다.

"새 계명을 너희에게 주노니 서로 사랑하라 내가 너희를 사랑한 것 같이 너희도 서로 사랑하라 너희가 서로 사랑하면 이로써 모든 사람이 너희가 내 제자인 줄 알리라"(요한복음 13:34~35)

안다는 것은 사랑한다는 것이다. _파커 팔머

> 당신 안에 진정 예수 그리스도의 사랑이 있는가? 만약 첫 사랑이 식었다면, 그 이유는 무엇인가? 앞으로 어떻게 첫 사랑을 회복해 나갈 것인지, 구체적으로 적어보라.

교육의 목적은 사랑이어야 한다. 사랑할 때 모든 것이 변화된다. 때문에 우리가 가르치고 있는 학생들을 사랑해야 한다. 사랑의 핵심은 관계를 맺는 것이다. 관계를 맺는 가르침, 관계를 맺는 사랑의 공동체를 형성하기 위해서 기도해야 한다. 파커 팔머는 가르치는 사람에게 있어서 기도가 중요하다는 사실을 강조한다.

> 나는 기도를 통해, 더 이상 나 자신을 다른 이들과 세계로부터 분리시키지 않으며, 자기 욕망의 만족을 위해 그들을 조작하지 않는다. 대신 나는 관계를 향해 손을 내밀며 스스로 상호성과 책임성의 끈을 느끼도록 하며, 공동체를 하나로 결합시켜 주는 초월적 중심을 앎으로써 공동체 안에 자신의 자리를 잡는다.
> 또한 기도란 내가 그 결합시켜 주는 중심을 향해 나아갈 때 그 중심이 또한 나를 향해 나아온다는 사실에 자신을 연다는 의미이기도 하다.
> ……
> 나는 기도를 통해, 만물의 핵심부에 위치하고 있는 사랑에 말을 걸 뿐 아니

라, 또한 그 사랑이 내게 말을 걸어와 나를 격리와 자기중심성으로부터 공동체와 자비로 불러들이는 소리를 듣는다. 나는 기도를 통해, 내가 앎의 주체일 뿐 아니라, 또한 누군가의 앎의 대상이기도 하다는 사실을 깨닫기 시작한다.

……

기도에 흠뻑 젖은 지성은 더 이상 분리와 정복, 조작과 지배를 목적으로 사고하지 않는다. 이제 사고는 사랑의 행위, 공동의 유대를 인정하고, 창조된 공동체 속에서 자신의 올바른 역할을 담당하기 위한 방법이 된다.

……

교육이 기도로 충만하지 않을 때, 즉 교육이 초월성에 중심을 두지 않을 때 교육은 자아와 세계 사이에 진정하고 자발적인 관계성을 창조하는 데 실패한다.

……

사랑으로 변화된다면, 우리는 자신의 힘을 주위 세계에 오만하게 강제하지 않으며, 세계로 하여금 우리를 정복하도록 허락하지도 않는다.

_파커 팔머 저, 『가르침과 배움의 영성』(IVP) 59~68쪽

가르침의 중심에 사랑과 기도가 있어야 한다. 그때 우리는 지성인의 교만을 극복하게 된다. 지식을 마치 경쟁의 수단으로 삼는 이 시대를 이겨낼 수가 있게 되는 것이다. 서로 다른 지식으로 서로를 분리시키는 분쟁으로부터 사랑을 통해 서로를 연결시키는 자리에 들어가게 된다. 그 일은 오직 사랑의 본체이신 하나님 앞으로 함께 나아갈 때만이 가능하다.

인생에서 있어서 가장 중요한 일은 사랑하는 법과 사랑받는 법을 배우는 것이다.

_미치 앨봄 저, 『모리와 함께한 화요일』(살림) 中

✐ 기도는 사랑이 있을 때 자연스럽게 된다. 당신은 학생들을 사랑하는가, 아니 당신은 학생들을 위해 얼마나 많이 기도하고 있는가?

✐ 가르침은 섬김이다. 학생들을 키우고, 가꾸며, 눈을 열어주는 것이다. 그들이 진리에 눈을 떠서 하나님을 바로 알게 하는 것이 하나님 나라의 교사가 해야 할 사명이다. 당신은 그동안 가르침을 무엇이라 생각했는가? 더불어 지금까지 배운 내용을 통해 당신 안에 재정립된 가르침에 대해 정리해보라.

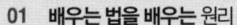

01 　배우는 법을 배우는 원리
02 　비전의 원리
03 　비움의 원리
04 　채움의 원리
05 　사랑의 원리
06 　경청의 원리
07 　질문의 원리
08 　기억의 원리
09 　실천의 원리
10 　인내의 원리

탁월한 가르침을 위한 배움의 영성

나는 내가 변화한 이후에야
당신이 어떻게 변화했는지를 인식하게 되었다.
- 에슐리 브릴리언트(Ashleigh Brilliant) -

탁월한 가르침은 탁월한 배움에서 시작된다. 다시 말해, 존재의 혁명을 일으키는 가르침은 탁월한 배움에서 시작된다는 말이다. 잘 배우는 자가 잘 가르칠 수 있다. 배움을 통해 변화를 경험한 사람만이 다른 사람을 변화의 길로 인도할 수 있다. 때문에 예수님께서는 제자들을 먼저 가르침의 세계가 아닌 배움의 세계로 초청하셨다. '제자'라는 말에는 '배우는 사람'이라는 뜻과 '훈련을 받는 사람'이라는 뜻이 있다. 예수님께서 제자들을 초청하셨을 때 그들을 배움의 길로 초청하신 것이다.

"수고하고 무거운 짐 진 자들아 다 내게로 오라 내가 너희를 쉬게 하리라 나는 마음이 온유하고 겸손하니 나의 멍에를 메고 내게 배우라 그리하면 너희 마음이 쉼을 얻으리니"(마태복음 11:28~29)

사람들은 수고하고 무거운 짐을 지고 있다. 그 이유 중 하나가 바로 진리를 알지 못하기 때문이다. '무지'만큼 우리 인생에 무거운 짐이 되는 것은 없다. '어리석음'은 우리를 불행하게 만든다. 그러나 '깨달음'은 우리의 짐을 가볍게 해 준다. 짐은 문제이다. 하지만 그 짐 자체가 문제는 아니다. 그 문제를 풀 수 있는 지식과 지혜가 부족한 것이 문제이다. 참된 지식과 지혜는 우리를 안식하게 한다. 때문에 예수님께서는 배움의 길로 우리를 초청하신다. 문제를 해결할 수 있는 지식과 지혜를 배우며, 문제 해결의 본체가 되시는 진리 되신 예수님을 배우도록 초청하신 것이다.

✎ '무지'와 '어리석음'으로 인생에 고난을 당한 경험이 있는가? 구체적으로 적어보라.

_____

_____

배우는 법을 배우는 원리

훌륭한 교사는 먼저 잘 배우는 사람이다. 마르틴 하이데거(Martin Heidegger)는 배우는 자로서 교사의 역할을 강조한다.

> 교사가 그의 제자보다 더 나은 점은 그들보다 배울 것이 더 많다는 사실, 즉 배우도록 하는 법을 배워야 한다는 사실 단 하나이다. 교사들은 제자들보다 더 잘 가르침을 받을 수 있어야 한다.
> _마르틴 하이데거

✎ 최근 당신은 누구에게 무엇을 배웠는가? 혹 배움이 끝난 지 오래되었다면, 왜 더 이상 배움의 자리에 있지 않는지 그 이유를 적어보라.

훌륭한 스승은 배우는 법을 가르쳐 주는 사람이다. 예수님께서는 제자들을 배움으로 초대하셨고, 배우는 법을 가르쳐 주셨다. 배우는 법을 배우는 것은 고기 잡는 법을 배우는 것과 같다. 물고기 한 마리를 받으면 하루를 살 수 있지만, 물고기 잡는 법을 배우면 일평생을 살 수 있는 것과 같은 원리이다.

> 물고기 한 마리를 주면 하루를 살 수 있지만, 물고기 잡는 법을 가르쳐 주면 평생을 살 수 있다.
> _탈무드

사람을 키울 때 가장 중요한 목표 중 하나는 배우는 법을 배우도록 도와주는 것이다. 다시 말해, 배우는 법을 익히도록 도와주는 것이다.

> 가장 중요한 교육의 목표는 학습하는 법을 학습하는 것이다.
> _루이 알베르토 마캐도

> 교육의 최고 목표는 선생님에게 의존하는 학생들을 만드는 것이 아니라, 자신의 삶을 살아가면서 스스로 교육하도록 그들을 준비시키는 것이다.
> _하워드 헨드릭스(Howard G. Hendricks)

✎ 당신은 가르칠 때, 그들에게 무엇을 가르치는가? 물고기를 주는가, 아니면 물고기 잡는 법을 가르쳐 주었는가? 지금까지 당신의 가르침을 돌아보는 시간을 가져보라.

사도 바울은 영의 아들 디모데에게 먼저 잘 배우고 확신에 거할 것을 부탁했다.

"그러나 너는 배우고 확신한 일에 거하라 너는 네가 누구에게서 배운 것을 알며"(디모데후서 3:14)

학습하는 방법은 이 세상을 살아가는 데 가장 소중한 도구이다. 나는 날마다 학습하는 법을 거듭 배운다. 학습하는 법을 배우면서 나는 더욱 건전한 자아상을 갖게 되었다. 건전한 자신감과 확신에 찬 생활을 할 수 있는 전기를 마련하게 된 것이다.

사람들이 학습하는 방법을 배우게 되면 그들의 자존감과 자신감이 커지기 때문이다. 사람들이 학습하는 방법을 배우면 새로운 기술과 변화에 대처할 뿐 아니라 그것을 환영하게 된다. 사람들이 학습하는 방법을 배우면 스스로 방향을 정하는 학습자가 되는 기본 기술과 개인적인 성장을 할 수 있는 기본 기술을 습득하게 된다. 그들은 수동적인 교육의 소비자로부터 자신의 학습과 삶을 능동적으로 통제하는 사람으로 변화하는 힘을 얻게 된다.
_콜린 로우즈 & 말콤 니콜 저, 『21세기를 위한 가속학습』(고려대학교출판부) 19쪽

배우는 법을 배운다는 것은, 배움의 모든 과정을 배운다는 것을 의미한다. 배움은 곧 변화인데, 이는 사람이 어떻게 변화되는가를 배우는 것을 말한다. 좋은 학습법에 관한 책을 읽어보라. 훌륭한 인재들을 배출한 학교들의 특징은, 대부분 전기를 많이 읽도록 하는 것과 함께 학습법을 통달하도록 도와주는 것이다. 학습법을 배운 학생들은 어떤 주제든지 그 주제를 통달할 수 있는 법을 터득하기에 모든 일에 자신감을 갖고 살아갈 수 있다.

✎ 좋은 학습법에 관한 책을 적고, 그 내용을 정리해보라. 더불어 당신은 이 책을 어떻게 적용하여 가르칠지 적어보라.

비전의 원리 02

교육은 키움이다. 다시 말해, 사람을 키우는 것이다. 사람을 키우는 사람에게 있어 가장 중요한 것은 '비전'인데, 예수님께서는 제자들에게 놀라운 비전을 가지고 계셨다. 그들을 통해 사람을 낚는 비전을 가지신 것이다. 고기를 낚는 어부들을, 사람 낚는 어부들로 키우는 비전 말이다. 사람을 키우고, 사람을 남기는 인물들로 키우는 비전을 가지고 계셨다. 이는 하나님 나라의 위대한 인물이 되는 비전을 가지신 것이다.

> 마태복음 4장 19절을 성경에서 찾아 적어보라.

그 비전 때문에 예수님께서는 제자들을 3년이나 교육하셨다. 교사가 하는 가장 중요한 일은 사람들 안에 있는 비전을 드러내어 주는 것이다. 없는 것을 주입하는 것이 아닌, 그들 속에 이미 존재하고 있는 비전을 밝혀 주는 것이다. 하나님께서 예레미야를 만났을 때, 그 안에 있는 비전을 밝혀 주셨다. 예레미야는 자신을 아이라 생각했다. 그러나 하나님께서는 예레미야 안에 열방의 선지자가 되는 비전을 보셨다. 그래서 그 비전을 말씀하셨고, 그 비전을 밝혀 주신 것이다.

"내가 너를 모태에 짓기 전에 너를 알았고 네가 배에서 나오기 전에 너를 성별하였고 너를 여러 나라의 선지자로 세웠노라 하시기로"(예레미야 1:5)

베드로의 경우도 마찬가지다. 예수님께서 그를 만났을 때 이미 그 안에 반석과 같은 인물이 들어 있는 것을 보셨다. 그리고 그 보신 것을 밝혀 주셨다.

"데리고 예수께로 오니 예수께서 보시고 이르시되 네가 요한의 아들 시몬이니 장차 게바라 하리라 하시니라 (게바는 번역하면 베드로라)"(요한복음 1:42)

우리는 배움을 통해 눈을 뜨게 된다. 우리 안에 있는 영적인 거인을 보게 되는 것이다. 하나님께서는 우리 안에 담아 두신 비전을 보게 하신다. 다만, 그것은 배움을 통해 드러나게 된다. 그 비전을 보았기에, 그 비전을 드러내기 위해 자신을 가꾸게 된다. 사람을 세우고 키우며 가꾸는 것이 '교육'이다. 자신 안에 있는 비전을 보고 자신을 스스로 가르쳐 본 사람은, 다른 사람 안에 있는 비전을 볼 때 그 비전을 밝혀 줄 수 있다. 또한 그 비전이 온전히 드러나도록 교육할 수 있다.

당신 안에는 어떤 비전이 있는가? 그 비전을 보고 드러내준 사람이 있다면, 함께 적어보라.

비움의 원리   03

　배움의 과정에서 가장 중요한 것 중 하나가 바로 '비움'이다. 비울 때 비로소 채울 수 있다. 비움은 다른 말로 '겸손'이라고 할 수 있다. 자신이 모르는 것이 많다는 것을 알 때, 곧 자신의 부족함을 자각할 때 우리는 배움의 길에 들어서게 된다. 배움에 가장 장애가 되는 것이 바로 잘못된 지식이다. 잘못된 지식은 마치 잘못된 지도와 같다. 교육은 잘못된 지식을 버리고 올바른 지식을 취하도록 도와주는 것이다. 잘못된 지도를 버리고 올바른 지도를 취하도록 도와주는 것이다. 비움이 있을 때 채움이 있다. 예수님께서 친히 비움의 모범을 보여주셨다. 예수님께 잘못된 지식이 있었다는 것이 아니다. 우리가 배울 것은 예수님의 비움이다. 예수님께서는 비우심으로 우리와 같은 모습을 취하셨다.

"오히려 자기를 비워 종의 형체를 가지사 사람들과 같이 되셨고"(빌립보서 2:7)

가득 찬 그릇에는 그 어떤 것도 담을 수 없다. 움켜쥔 두 손에는 그 어떠한 것도 붙잡을 수가 없다. 두 손을 펼 때 비로소 그 손에 축복이 임한다. 때문에 우리는 끊임없이 비우는 일을 해야 한다. 그때 우리는 배움의 길에 들어설 수 있게 된다.

> 마태복음 9장 17절을 성경에서 찾아 적어보라.

비움은 겸손이다. 겸손은 자신을 낮추는 것이다. 그릇을 비워 자신을 낮출 때, 배움을 준비하게 된다. 겸손은 열린 마음이다. 배움은 새로운 세계로의 도약을 시도하는 것이다. 그러기 위해서는 자신을 충분히 비우고 또한 열린 마음을 가져야 한다. 겸손한 자에게만 배움의 길이 열린다. 교만하면 알지 못하고 깨닫지 못한다. 때문에 가장 경계해야 할 것은 교만이다. 자신도 똑같은 학생에 불과하다고 생각하는 겸손한 교사야말로 가장 훌륭한 교사이다. 겸손할 때 가장 많이 배울 수 있기 때문이다. 다음의 예화는 '비움과 배움'에 대해 우리가 확실히 알 수 있도록 도와준다.

위대한 작곡가이자 음악가인 모차르트는 찾아오는 사람에게 항상 이런 질문을 던지곤 했다. "전에 음악을 배운 적이 있습니까?"
질문에 배운 적이 있다고 대답하면, 모차르트는 "수업료를 두 배로 내셔야겠습니다"라고 말했다. 그리고 전혀 음악을 배운 적이 없다고 말하는 사람에게는 "그럼 좋습니다. 수업료를 반만 내십시오"라고 대답했다.

이것은 너무나도 부당한 처사였기 때문에 사람들은 어리둥절했다. 그중에 한 사람이 모차르트에게 따지듯 물었다. "음악을 전혀 모르는 사람이 오면 수업료를 반만 내라고 말하고 십 년 동안이나 음악을 공부한 사람이 오면 수업료를 두 배로 내라고 하시는데, 도대체 무슨 까닭입니까?"

모차르트는 침착하게 대답했다. "거기에는 이유가 있습니다"라고 말하고는 다시 말을 이었다. "예전에 음악을 배운 사람들의 경우에는 그들의 올바르지 않은 지식의 찌꺼기를 거두어내야 합니다. 이것은 더욱 힘든 작업입니다. 그 사람이 가지고 있는 잘못된 것을 파괴하는 것이 가르치기보다 훨씬 힘든 일이기 때문입니다." _ 김태광 저, 『세상에서 가장 행복한 기다림』(푸르름) 282~283쪽

'비움과 배움'에 대한 당신의 생각을 정리해보라.

채움의 원리

비움과 함께 중요한 것이 '채움'이다. 비움만 강조하는 것은 불교의 영성이다. 그러나 그리스도의 영성은 균형에 있다. 비움과 함께 채움을 강조하기 때문이다. 비움이 있기에 채움이 있고, 채움이 있기에 비움이 있는 것이다. 예수님의 삶의 특징은 비움과 함께 채움으로 이어진다. 예수님의 존재 안에는 진리가 충만하셨다. 그리고 제자들은 예수님의 충만한 데서 받았다.

"말씀이 육신이 되어 우리 가운데 거하시매 우리가 그의 영광을 보니 아버지의 독생자의 영광이요 은혜와 진리가 충만하더라"(요한복음 1:14)

> 요한복음 1장 16절을 성경에서 찾아 적어보라.

비움의 과정을 거친 후에는 충만의 길로 들어가야 한다. 충만의 경험을 할 때 비로소 우리는 나눔의 길로 들어설 수 있게 된다. 배움을 통해 경험하는 것은 선지식의 중요성이다. 우리가 알고 있는 것들이 많을 때, 많은 것을 볼 수 있고 깨달을 수 있다. 우리는 아는 것만큼 보게 된다. 아는 것만큼 깊이 깨닫게 된다. 이것은 하나님 나라의 원리이다.

"무릇 있는 자는 받아 넉넉하게 되되 없는 자는 그 있는 것도 빼앗기리라"(마태복음 13:12)

하나님께서는 언제나 먼저 주신 후에 그것으로부터 시작하게 하신다. 창조 때 이미 그리하셨다. 모든 것을 창조하신 후에 아담과 하와를 만드셨다. 그리고 그들에게 모든 것을 맡기셨다. 예수님의 비유 가운데 달란트의 비유에서 똑같은 것을 발견한다. 주인이 종들에게 먼저 달란트를 맡긴 후에 그것을 어떻게 사용였는지를 결산한다.

채울 때 중요한 것은, 가능한 충만히 채워야 한다는 것이다. 서두르지 말고 일정 양을 채워야 한다. 그런 면에서 저수지 또는 댐의 원리를 기억하는 것이 좋다. 댐을 처음 만들었을 때에는 물이 충만히 차기 전까지 방수하지 않는다. 차기 전에 내보내면 댐의 구실을 못하기 때문이다. 일단 충만히 채운 다음에 물을 흘러 내보내야 물의 손실 없이 충만한 중에 물을 내어 줄 수가 있다.

당신이 만일 현명하다면 운하가 아닌 저수지로서의 면모를 보여줄 것이다. 왜냐하면 운하는 물을 받아들이면서 사방으로 물을 다시 보내지만, 저수지는 기다렸다가 가득 찰 때까지 자체적인 손실 없이 흘러넘치는 물을 전달하기 때문이다. 오늘날 교회 안에는 저수지와 같은 사람은 거의 없고 운하와 같은 사람이 많다.

_끌레르보의 버나드(Bernard of Clairvaux)

충만할수록 더욱 충만해지는 것이 배움이다. 많은 것을 알 때 우리는 더욱 겸손해진다. 그때 우리는 아직도 모르는 것이 많다는 것을 깨닫게 되기 때문이다. 많은 것을 알 때 우리는 더욱 앎에 대한 갈망이 생긴다. 그동안 나는 가르침에 탁월한 스승들을 만나 보았다. 그분들은 어느 단계에 이르기까지 수많은 책을 읽은 분들이었다. 충만한 양이 찰 때까지, 넘치도록 배운 분들이었다. 그 단계를 거친 분들은 충만하다. 충만함으로 다른 사람들을 충만하게 할 수가 있었던 것이다.

채움의 원리가 중요한 것은, 채움을 통해 관련을 지을 수 있기 때문이다. 많은 것을 알수록 우리가 알고 있는 지식은 서로 관련을 맺게 된다. 가르침의 목표 중의 하나는 관련을 맺도록 도와주는 것이다. 하나님과 자신과 공동체와 관련을 맺는 것을 뜻한다. 자신이 연구하는 주제와 관련을 맺는 것이다. 나는 지식의 양이 증가할수록 더욱 관련을 많이 지을 수가 있었다. 거기서 지식의 시너지를 경험했다. 또한 놀라운 창의력이 증가되는 것을 경험했다. 많이 알수록 전체를 보게 되고, 관련을 지어 보게 된다. 한 주제를 많이 알수록 깊이 보게 되고, 거기서 지능 계발에 핵심이 되는 분별력과 판단력과 종합적 사고력이 생기게 되었다. 올바로 분별할 때 올바로 선택할 수 있다.

나아가 많은 지식을 소유한다는 것은, 어휘력이 증가한다는 것을 의미한다. 어휘력이 증가할 때 표현력이 증가한다. 표현력이 증가할 때 글 쓰는 기술이 계발된다. 지식 증대에 따라 영향력이 커지게 된다. 때문에 많이 아는 것은 중요하다. 많이 알게 될 때 쓸모 있는 지식과 쓸모없는 지식을 분별할 수 있는 분별력이 생긴다. 정말 중요한 것은 쓸모 있는 지식을 아는 것이다. 또한 그 지식을 자신의 삶과 가르침에 연결하는 것이다.

'채움의 원리'에 대한 당신의 생각을 정리해보라.

사랑의 원리 05

배움은 사랑에 기초한다. 바울은 "지식은 교만하게 하며 사랑은 덕을 세우나니"(고린도전서 8:1)라고 말씀한다. 사랑이 겸비되지 않은 지식은 사람을 교만하게 만들고 무너뜨린다. 반면에 사랑을 겸비한 지식, 사랑을 목표로 한 지식은 우리를 겸손하게 만들고 사람을 세운다. 사랑과 배움은 비례한다. 배움의 정도는 사랑의 정도와 비례한다. 우리는 사랑하는 것만큼 배울 수 있다.

사랑 안에 있지 않고는 진리를 발견하기란 불가능하다.
_아브라함 J. 허셀(Abraham Joshua Heschel)

사랑 자체가 지식이다. 더 많이 사랑할수록 더 많이 알게 된다.
_성 그레고리(St. Gregory)

사랑할 때 배움의 세계가 열린다. 사랑 속에 진정한 배움이 있기 때문이다. 어떤 분야를 배우기 위해서는 그 분야를 사랑하고, 선생님을 사랑해야 한다.

사랑하는 스승으로부터 가장 많이 배운다.

_괴테(Johann Wolfgang von Goethe)

무엇을 배울 때 무엇을 배웠느냐보다 누구에게 배웠느냐가 중요하다. 즉 누구를 사랑했느냐가 더 중요한 것이다. 그 이유는 사랑하는 스승을 만나면 어떤 주제든지 그의 가르침에 통달할 수 있는 배움의 원리를 터득할 수 있기 때문이다. 그런 면에서 누구에게 배웠느냐는 무엇을 배웠느냐보다 더욱 중요하다.

하나님의 말씀을 배우기 위해서는, 말씀을 주신 하나님을 사랑해야 한다. 말씀은 하나님의 음성이다. 우리가 사랑하는 사람의 음성을 듣기 원하는 것처럼, 하나님의 말씀을 묵상할 때 사랑하는 하나님의 음성을 듣는 마음으로 묵상해야 한다. 말씀을 사랑할 때 우리는 말씀을 더욱 잘 묵상할 수 있고, 그 묵상한 것을 훨씬 더 오랫동안 간직할 수 있다. 제자들이 예수님께서 하신 말씀을 마음에 평생 보존할 수 있었던 것은, 예수님을 사랑하고 그분의 말씀을 사랑했기 때문이다.

당신의 말씀 묵상을 점검해보라. 진정 하나님을 사랑하는가?

첫째, 사랑이 배움의 원리인 것은 사랑은 관심이기 때문이다.

잘 배우기 위해서는 집중된 관심을 가져야 하고, 그 집중된 관심은 에너지를 창출하게 된다. 집중된 관심은 사랑과 관찰에서 나온다. 우리가 관심을 가지고 관찰할 때 영적인 민감성이 생기게 된다. 이전에 보지 못했던 것을 보게 된다. 또한 집중할 때 마음의 창이 열린다. 내면, 즉 영혼의 창이 열리게 된다.

우리가 집중된 관심을 가질 때, 많은 것을 배우고 다른 사람보다 빨리 배울 수 있다. 집중된 관심을 갖는다는 것은 깊이 파고드는 것을 의미한다. 또한 한 분야를 넓게 아는 것을 의미한다. 배움의 넓이와 깊이는 함께 만난다. 배움의 넓이와 깊이가 함께 만날 때 상승효과가 나타난다.

둘째, 사랑이 배움의 원리인 것은 우리는 사랑하는 것을 품기 때문이다.

다윗은 하나님의 말씀과 사랑에 빠졌다. 그래서 주야로 그 말씀을 묵상했다. 그 말씀은 그의 양식이 되었고, 그의 지혜가 되었으며, 그의 존재가 되었다. 그런 면에서 사랑은 배움의 최상의 원리라 할 수 있다.

"오직 여호와의 율법을 즐거워하여 그의 율법을 주야로 묵상하는도다"(시편 1:2)

교사는 어떤 면에서 한 주제를 사랑한 사람이다. 중·고등학교 또는 대학교에서 가르치는 교사(교수)는 학생들에게 한 주제만 가르치기 때문이다. 자신이 가르치는 그 주제와 사랑에 빠졌기에, 자신 스스로 교사(교수)가 되어 학생들에게 자신이 사랑했던 주제를 가르치고 있다고 해도 과언이 아닐 것이다. 때문에 사랑은 배움의 원리이다.

셋째, 사랑이 배움의 원리인 것은 사랑의 극치가 나눔에 있기 때문이다.

우리는 사랑하는 사람에게 최상의 것을 나누어 주기 원한다. 배움은 나눔이다. 우리가 배우는 것은 사랑하는 사람에게 자신이 배운 것을 나누기 원하기 때문이다. 나는 배우기를 좋아한다. 그 이유는 배운 것을 내가 가장 사랑하는 사람들과 나누길 원하기 때문이다. 그런 면에서 배움의 열정은 사랑의 열정이라 할 수 있다. 사랑하는 사람들에게 정말 좋은 것을 나누기 원하는 열정이 바로 우리가 배움 속에 몰입하게 되는 이유이다.

우리는 사랑이 배움의 원리인 것을 세 가지로 나눠 생각해 보았다. 당신은 이 사랑의 원리들을 어떻게 적용하여 학생들을 가르칠 수 있겠는가?

경청의 원리

예수님의 배움의 원리는 들음에 있다. 그냥 듣는 것이 아니라 집중된 들음이 배움의 원리이다. 우리는 그것을 '경청'이라고 말한다.

> "사흘 후에 성전에서 만난즉 그가 선생들 중에 앉으사 그들에게 듣기도 하시며 묻기도 하시니 듣는 자가 다 그 지혜와 대답을 놀랍게 여기더라"(누가복음 2:46~47)

당신은 '경청'을 무엇이라 생각하는가? 경청에 대해 배우기 전, 당신의 생각을 솔직하게 적어보라.

경청은 듣기를 갈망하는 것이요, 들은 후에 배운 것을 실천하는 것이다. 또한 경청은 들은 후에 그것을 자신의 삶 속에 적용하는 것이다. 이처럼 경청은 진리에 대한 순종을 전제로 하기에 결코 쉬운 일이 아니다. 들음은 곧 순종이다. 참된 배움을 위해 우리는 경청하는 법을 반드시 배워야 한다.

우리는 늘 들으며 살고 있다. 그래서인지 대부분의 사람들은 듣는 것을 잘하고 있다고 생각한다. 그런데 이보다 더 큰 문제는, 우리는 듣는 법을 배워본 적이 없다는 것이다. 말하는 기술에 대해서는 배웠을지 모르지만, 듣는 원리나 경청의 기술에 대해서는 배워본 적이 없다. 심지어 경청의 중요성에 대해서도 절실하게 가르쳐 준 사람을 만나본 적이 없다.

M.스캇 펙은 자신의 책 『아직도 가야할 길』(율리시즈)에서 경청의 중요성을 강조한다. 그러면서 그는 우리가 얼마나 듣는 훈련이 안 되었는지를 다음과 같이 기록하고 있다.

> 사랑은 깊이 관심을 갖는 것이다. 관심을 행동으로 나타낼 수 있는 가장 평범하고 중요한 방법은 말을 들어주는 것이다. 우리는 막대한 시간을 듣는 데에 보내고 있으면서도 대부분의 사람들은 그 시간들을 낭비한다. 왜냐하면 대체로 우리는 듣는 방법을 잘 모르기 때문이다.
>
> _M.스캇 펙 저, 『아직도 가야 할 길』(율리시즈) 131쪽

하나님께서는 청종하는 사람에게 엄청난 축복을 약속하셨다.

"오호라 너희 모든 목마른 자들아 물로 나아오라 돈 없는 자도 오라 너희는 와서 사 먹되 돈 없이, 값 없이 와서 포도주와 젖을 사라 너희가 어찌하여 양식이 아닌 것을 위하여 은을 달아 주며 배부르게 하지 못할 것을 위하여 수고하느냐 내게 듣고 들을지어다 그리하면 너희가 좋은 것을 먹을 것이며 너희 자신들이 기름진 것으로 즐거움을 얻으리라 너희는 귀를 기울이고 내게로 나아와 들으

라 그리하면 너희의 영혼이 살리라 내가 너희를 위하여 영원한 언약을 맺으리니 곧 다윗에게 허락한 확실한 은혜이니라"(이사야 55:1~3)

우리는 많은 문제가 돈에 있다고 생각한다. 그러나 하나님께서는 우리의 문제는 하나님의 음성을 듣지 않는 데 있다고 말씀한다. 하나님께 나아와서 그 음성을 들으면 좋은 것을 먹게 되고, 마음이 기름진 것으로 즐거움을 얻게 된다고 말씀한다. 뿐만 아니라 하나님께 귀를 기울이고 나아와 들으면, 우리의 영혼이 소생한다고 말씀한다. 이는 하나님께서 그의 명예를 걸고 우리에게 주신 약속이다.

하나님께서 가장 좋아하시는 것은 하나님의 음성을 듣고 순종하는 것이다. 사울 왕이 왜 버림을 받았는가? 바로 하나님의 음성을 듣지 않았기 때문이다.

"사무엘이 이르되 여호와께서 번제와 다른 제사를 그의 목소리를 청종하는 것을 좋아하심 같이 좋아하시겠나이까 순종이 제사보다 낫고 듣는 것이 숫양의 기름보다 나으니"(사무엘상 15:22)

하나님의 음성을 듣는 길은 하나님의 말씀을 통해 듣는 것이다. 하나님의 말씀을 들을 때 우리는 하나님의 음성을 듣게 된다. 하나님의 음성을 듣는 길은 우리 스스로가 말씀을 읽고 묵상할 때이다. 또한 하나님의 종들을 통해 주시는 말씀을 듣고 깨닫는 것이다.

"너희 중에 여호와를 경외하며 그의 종의 목소리를 청종하는 자가 누구냐 흑암 중에 행하여 빛이 없는 자라도 여호와의 이름을 의뢰하며 자기 하나님께 의지할지어다"(이사야 50:10)

"좋은 땅에 뿌려졌다는 것은 말씀을 듣고 깨닫는 자니 결실하여 어떤 것은 백 배, 어떤 것은 육십 배, 어떤 것은 삼십 배가 되느니라 하시더라"(마태복음 13:23)

> 🖊 당신의 삶은 경청의 삶인가? 하나님의 말씀에 얼마나 청종하며 사는지 적어 보라.

우리가 가르치는 학생들을 사랑한다면, 우리는 그들의 말에 먼저 경청해야 한다. 우리가 경청하지 않기 때문에 그들이 마음을 털어놓지 않는 것이다. 그리고 그들의 마음을 알 수 없기에 우리는 그들을 잘 가르칠 수 없는 것이다. 우리가 잘 들을 때 상대방은 자존감이 높아진다. 우리가 경청할 때 그들은 자신이 얼마나 소중한 존재인가를 깨닫게 된다. 우리가 경청할 때 그들은 우리에게 더 많은 것들을 말해 준다. M.스캇 펙은 자녀를 양육할 때 경청이 얼마나 중요한가를 다음과 같이 기록하고 있다.

정말 잘 들으려면 아무리 간단할지라도 굉장한 노력이 필요하다.
첫째로 그것은 완전한 집중을 요구한다. 어떤 사람의 말을 참으로 듣고 있으면서 동시에 또 다른 일을 할 수는 없는 것이다. 만약 부모들이 참으로 아이의 얘기를 들으려면, 다른 모든 일을 젖혀 놓아야만 한다. 참으로 듣는 시간이 오로지 아이에게만 주어져야 한다. 즉 아이의 시간이 되어야만 하는 것이다. 만일 당신이 모든 것을 젖혀 두는 데 연연해하거나 어떤 선입견을 포함해서 젖혀 놓을 마음이 없으면 그때는 이미 참으로 듣는 것이 아닌 것이다.

둘째로 여섯 살 아이의 말을 듣는 데 요구되는 완전한 집중을 위해 필요한 노력은 어떤 위대한 강사의 강의를 집중해서 듣는 것보다 더 큰 것이다. 아이는 말하면서 앞에 말과 뒤에 말의 관계를 염두에 두지 않기 때문에-때로 서둘러 이야기하고 중간은 끊어버리는가 하면 또 반복하기도 하고-더욱 집중하기 어렵다. 또한 명강의 주제는 듣는 사람들이 흥미 있어 하는 주제들이지만, 아이들은 어른에게는 아무렇지도 않은 것들에 대해서만 신이 나서 이야기한다. 다시 말해서 여섯 살 아이의 이야기는 너무 재미없어서 집중해서 듣기가 몇 배나 어려운 것이다.

결과적으로 이 연령의 아이를 참으로 들어 주는 일은 진정한 사랑에서 우러나온 결과라고 할 수밖에 없다. 부모들이 그런 수고를 기꺼이 감수할 수 있도록 동기를 주는 사랑이 없다면 그 일은 행동으로 옮길 수 없다.

그런데 왜 그런 일을 해야 할까? 왜 우리는 여섯 살짜리의 재미없는 이야기들을 정신 집중해서 들으려고 몸부림치는 걸까?

첫째로 당신이 그렇게 관심을 갖는 것이 당신 아이에게 줄 수 있는 존중감의 가장 좋은 구체적인 증거가 되기 때문이다. 위대한 강연자에게 보냈던 관심과 존중심을 아이에게 보여 주면, 아이는 자신이 사랑받고 있음으로 온몸으로 느낄 수 있으므로 정신적인 성장은 물론 자신을 귀하게 여기는 건강한 사람으로 자라날 수 있을 것이다.

둘째로 아이들은 자신이 귀중하다고 느끼면 느낄수록 귀중한 것들에 대해서 더 많이 이야기하기 시작할 것이다. 아이들은 당신이 그들에게 기대하는 만큼 행동하려고 노력할 것이다.

셋째로는 아이들에게 귀를 기울여 주면 줄수록, 당신은 아이들이 말하다 쉬고, 떠듬거리고, 순진하기 이를 데 없는 그 재잘거림 속에서 아이가 참으로 가치 있는 소리를 하고 있다는 것을 깨닫게 될 것이다. "위대한 지혜는 어린 아이의 입을 통해서 나온다"라는 격언이 진리임을 뼈저리게 느낄 것이다. 뿐만 아니라 아이의 이야기에 귀를 기울이다보면 아이의 특수성도 쉽사리 깨달을 수 있을 것이다. 그리고 당신의 아이가 특수한 인물이라는 것을 지각하면 할수록 아이의 이야기에 귀 기울이는 일이 더욱 흥미로워질 것이다. 그리하여 당신의 이해 폭은 점점 넓어지게 된다.

넷째로 당신 아이에 대해서 아는 것이 많으면 많을수록 당신은 더욱더 잘 가르칠 수가 있을 것이다. 아이들에 대해 아는 것이 적으면 당신은 아이들이 미처 배울 단계가 되지 않을 것들이나, 혹은 벌써 알고 있는 것들, 그리고 아이들이 당신보다 더 잘 이해하고 있는 것들을 가르치게 될 것이다.

끝으로 아이들은 당신이 그들을 소중하게 생각하고, 자신의 독특한 점을 이해해 준다는 사실을 알게 되면, 기꺼이 당신의 말에 순종하고, 당신이 그들을 대했던 것처럼 존경과 사랑으로 대하게 될 것이다. 당신의 가르침이 그들의 성격 특성에 적합하고 적절한 것이라면 아이들은 더욱 당신의 가르침을 열망하게 된다. 그리하여 아이들은 배우면 배울수록 더욱 훌륭한 인간으로 성장하게 되는 것이다.

……

즉, 존중이 존중을 창조하고 사랑이 사랑을 낳는다.

_M.스캇 펙 저, 『아직도 가야 할 길』(율리시즈) 136~138쪽

배움에 있어 경청이 중요한 것은, 경청을 통해 우리는 침묵할 수 있기 때문이다. 우리는 경청할 때 침묵 속으로 들어간다. 그리고 그 침묵 속에서 소중한 지혜를 배우게 된다. 우리는 말보다 경청을 통해 더 많은 것을 가르칠 수 있다. 학생들에게 더 많은 것을 줄 수 있다. 예를 들면 그들을 향한 관심, 그들을 향한 존경심, 그들의 말에 대한 신뢰, 그들의 말에 대한 가치를 부여하는 일들, 엄청난 일들이 바로 경청을 통해 이루어지는 것이다. 예수님께서는 경청하셨다. 하나님의 음성을 들으셨고, 하나님의 음성에 순종하셨다.

예수님은 온 몸이 귀였다.   _헨리 나우웬(Henri Nouwen)

마지막으로, 경청할 때 중요한 것은 메모이다. 우리가 경청하며 메모를 한다는 것은 상대방이 하는 말이 소중하다는 것을 보여주는 성스러운 행위이다. 또한 메모하는 습관은 우리의 삶을 탁월하게 만드는 밑거름이 된다. 다음의 예화를 통해, 메모하는 습관의 중요성에 대해 생각해보자.

독일 태생의 미국 물리학자인 아인슈타인은 세계 역사상 가장 위대한 과학자로 손꼽힌다. 그는 과학에서뿐만 아니라 인간적인 측면에서도 배울 것이 많은 사람이었다.
어느 날 기자가 그를 방문하게 되었다. 기자는 아인슈타인에게 이런저런 질문을 하다가 실험실을 꼭 보고 싶다고 말했다. 실험실을 보여 달라는 기자의 말에 아인슈타인은 이렇게 말했다. "내 실험실은 별로 보여 드릴 게 없습니다." 하지만 그 기자는 한번만 보게 해달라고 졸랐다. 세계적인 과학자의 실험실을 구경하는 것은 그에게 큰 영광이 될 것이기 때문이었다. 첨단 과학 장비들로 가득 찬 실험실을 그는 상상하고 있었던 것이다. 끈질기게 실험실을 보여 달라는 기자에게 보여주겠다고 말하면서 아인슈타인은 주머니에서 만년필을 꺼냈다. "내 실험실이 여기에 있습니다." 아인슈타인은 꺼낸 만년필을 흔들어 보였다. 그 말이 무엇을 뜻하는지 이해하지 못한 기자는 몹시 당황해하면서 급히 또 물었다. "아닙니다. 제가 보고 싶은 것은 어느 것이 최첨단 과학 장비인가 하는 것입니다. 그것을 보여 주십시오." 그러자 아인슈타인은 옆에 구겨진 종이로 가득 찬 휴지통을 가리키며 말했다. "첨단 장비요? 바로 저기 있군요. 저 휴지통입니다." 기자가 어안이 벙벙한 표정으로 바라보자 아인슈타인은 웃으며 대답했다.

"나는 일상생활 중 머릿속에 아이디어가 떠오르면 그때마다 잊어버리지 않도록 만년필로 메모를 하고는 그 아이디어를 골똘하게 생각합니다. 그러니 연구를 위해 따로 잘 차려진 실험실이 필요하진 않습니다. 단지 내겐 그것을 적고 계산할 수 있는 만년필과 필요 없으면 메모지를 버리는 휴지통만 있으면 충분하지요. 중요한 것은 주변의 환경이 아닙니다. 깨어 있는 눈으로 사물을 보고 생각하는 마음과 의지가 중요하지요."

_ 김태광 저, 『세상에서 가장 행복한 기다림』(푸르름) 145~147쪽

> 하나님 나라의 교사로서, 당신은 앞으로 학생들의 말에 어떻게 경청할 생각인가? 구체적인 실천 방안을 적어보라.

질문의 원리

배운다는 것은 질문한다는 것이다. 또한 질문한다는 것은 호기심이 있다는 것을 의미한다. 배움은 건전한 호기심에서 시작된다. 어떤 주제에 대한 호기심과 질문은 배움을 창조하는 공간을 만들어 낸다. 예수님께서는 배움을 위해 질문하셨다.

"사흘 후에 성전에서 만난즉 그가 선생들 중에 앉으사 그들에게 듣기도 하시며 묻기도 하시니 듣는 자가 다 그 지혜와 대답을 놀랍게 여기더라"(누가복음 2:46~47)

배움에 이르는 길은 질문하는 것이다. 끊임없이 배우기를 열망하는 사람은 질문할 줄 알아야 한다.

아는 자는 다만 스스로 끊임없이 또 다시 배워야한다는 것을 알아듣고, 이와 같이 알아들음 속에서 스스로를 다른 무엇에 앞서 항상 배울 수 있도록 준비하고 있는 사람이다. 배울 수 있다는 것은 질문할 수 있다는 것을 전제하고 있다.

_마르틴 하이데거(Martin Heidegger)

배움의 질은 질문의 질에 의해 결정된다. 인생의 질도 마찬가지다. 인생의 질도 질문의 질에 의해 결정된다. 정확하게 물을 수 있다면, 그건 이미 해답을 얻은 것과 동일하다. 예수님께서는 제자들을 가르치실 때 질문을 통해 교육하셨다.

예수님께서 제자들을 가르치실 때 질문을 통해 교육하셨다. 이와 관련하여 적절한 예화를 성경에서 찾아 적어보라.

질문이 배움의 원리가 되는 것은, 질문이 곧 가르침의 원리이기 때문이다. 배움과 가르침에 있어서 가장 중요한 것은 생각을 자극하는 것이다. 질문을 통해 생각이 열리고, 생각의 영역이 확장된다. 질문을 통해 우리의 잠자던 지성이 숨을 쉬기 시작한다. 다시 말해, 질문을 통해 우리는 새로운 배움의 세계 속으로 들어가게 되는 것이다.

질문이 있다는 것은 호기심이 있다는 것이다. 올바른 호기심은 우리를 올바른 배움으로 이끌지만, 잘못된 호기심은 아주 위험하다. 잘못된 호기심이 위험한 까닭은 잘못된 호기심은 우리로 하여금 죄를 짓게 만들기 때문이다. 아담과 하와는 잘못된 호기심을 가졌다. 그 결과 그들은 선악과를 따 먹었고, 결국 그들은 타락하고 말았다. 파커 팔머는 다음과 같이 잘못된 호기심의 문제를 설명한다.

> 아담과 하와는 그들이 추구했던 지식의 종류로 인해 에덴동산에서 쫓겨난 것이다. 그것은 하나님을 불신하고 배제시켰던 지식이다. 알고자 하는 그들의 욕망은 사랑이 아니라 호기심과 지배욕, 오직 하나님에게만 속해 있는 힘을 자신이 소유하려는 욕망에서 비롯된 것이었다. 그들은 하나님이 그들을 먼저 아셨고, 그들을 아시되 잠재성뿐 아니라 한계 또한 알고 계신다는 사실을 존중하지 못했다. 그들은 하나님이 그들을 아시듯 알기를 거부하고, 결국 죽음을 초래하고 마는 종류의 지식을 추구했다.
>
> _파커 파머 저, 『가르침과 배움의 영성』(IVP) 51쪽

그는 참된 배움을 위한 지식은 호기심과 지배욕이 아니라 사랑에 의해 출발해야 한다는 사실을 강조한다. 참된 배움을 위한 질문은 바로 사랑을 전제한 질문이어야 한다. 우리가 발견하게 될 지식을 통해, 그리고 학생들을 섬기기 위한 질문이어야 하는 것이다.

✏️ 당신은 잘못된 호기심으로 인해 죄의 길을 걸었던 경험이 있는가?

기억의 원리 08

참된 배움은 기억을 전제로 한다. 때문에 버려야 할 지식은 기억에서 지워야 한다. 그러나 배움에 필요한 지식과 사건과 경험은 기억되어야 한다. 기억의 원리는 묵상의 원리요, 반복의 원리이다. 이는 이스라엘 백성의 교육에서 엿볼 수 있다.

"이스라엘아 들으라 우리 하나님 여호와는 오직 유일한 여호와이시니 너는 마음을 다하고 뜻을 다하고 힘을 다하여 네 하나님 여호와를 사랑하라 오늘 내가 네게 명하는 이 말씀을 너는 마음에 새기고 네 자녀에게 부지런히 가르치며 집에 앉았을 때에든지 길을 갈 때에든지 누워 있을 때에든지 일어날 때에든지 이 말씀을 강론할 것이며 너는 또 그것을 네 손목에 매어 기호를 삼으며 네 미간에 붙여 표로 삼고 또 네 집 문설주와 바깥 문에 기록할지니라"(신명기 6:4~9)

✎ 당신이 기억하는 배움 중 가장 잊히지 않는 배움은 무엇인가?

첫째, 기억한다는 것은 사랑을 의미한다.

우리는 사랑하는 사람, 주제, 사건을 모두 기억한다. 물론 충격적이고 비극적인 사건도 기억한다. 하지만 그런 사건을 기억하라고 말하는 건 아니다. 그런 사건은 치유되어야 하는 기억이다. 그 치유는 그 사건을 성경적으로 해석하고, 그 사건에 의미를 부여함으로 가능해진다. 하나님께서는 우리의 아픈 과거를 기억나게 하셔서 그 사건에 의미를 부여해 주심으로 치유해 주신다.

둘째, 기억한다는 것은 감동을 의미한다.

우리는 보통 감동한 것을 쉽게 잊지 않는다. 왜냐하면 깨달음이 임할 때 감동하기 때문이다. 그래서 내가 먼저 감동한 것을 가르칠 때, 학생에게 놀라운 변화가 일어나게 된다.

남들을 감동시키려면 우선 자기 자신부터 감동하지 않으면 안 된다. 그렇지 않으면 아무리 뛰어난 작품이라도 생명이 길지 못하다. _밀레(Millet)

작가가 눈물을 흘리지 않으면 독자들도 눈물을 흘리지 않는다.
_로버트 프로스트(Robert Frost)

우리는 감동하기를 힘써야 한다. 감동은 은총의 사건이지만, 이는 갈망을 통해 주어진다. 감동받기에 힘쓰는 열망과 겸손함만이 우리에게 배움을 가져다준다. 감동은 몰랐던 것을 알았을 때, 깨닫지 못했던 것을 깨달았을 때, 알고 있는 것을 표현할 수 있는 언어를 발견했을 때 우리에게 임한다. 내가 찾고 찾던 것을 발견했을 때 찾아오는 것이다. 그래서 감동이 있는 배움은 잊을 수가 없다. 기억하려고 하지 말고, 감동을 받으려고 해야 하는 이유이다.

셋째, 기억한다는 것은 다시 경험하게 한다는 것을 의미한다.

하나님께서는 아말렉 전투에서 승리한 모세에게 승리의 비법을 기록해서 "여호수아의 귀에 외워 들리라"(출애굽기 17:14)고 말씀한다.

"여호와께서 모세에게 이르시되 이것을 책에 기록하여 기념하게 하고 여호수아의 귀에 외워 들리라 내가 아말렉을 없이하여 천하에서 기억도 못 하게 하리라"(출애굽기 17:14)

하나님께서는 이 말씀을 통해 여호수아에게 승리를 기억하게 함으로 승리 의식을 심어주셨다. 나아가 승리자의 자아상을 갖게 하고, 승리를 다시 경험하게 함으로 지속적인 승리를 할 수 있는 배움의 원리를 가르치신 것이다.

예수님께서도 성찬을 행하신 후에 제자들에게 성찬을 통해 예수님 자신을 기억하라고 명하셨다.

"또 떡을 가져 감사 기도 하시고 떼어 그들에게 주시며 이르시되 이것은 너희를 위하여 주는 내 몸이라 너희가 이를 행하여 나를 기념하라(do this in remembrance of me) 하시고"(누가복음 22:19)

제자들은 성찬 예식을 가질 때마다 예수님과 함께 가졌던 성찬의 경험 속으로 들어갔다. 그 결과 그들은 한 공동체의 일원임을 확인하게 되었다. 파커 파머는 학습에 있어서 기억의 중요성을 다음과 같이 설명한다.

진리에 대한 순종을 실천하는 이런 형태의 교수와 학습에는 암기를 위한 자리도 있다. '기억한다'(remember)는 것은 말 그대로 보면 '몸을 다시 합체시킨다'(re-member), 진리의 공동체로부터 분리되었던 부문들을 다시 하나로 만든다, 전체를 재결합시킨다는 의미다. 're-member'의 반대는 '망각하다'(forget)가 아니라 'dis-member'(절연하다)이다. 진리를 망각하면 바로 절연이 일어난다. 즉, 우리와 나머지 실재의 관계 그리고 진리의 공동체에 참여

하는 데 필요한 지식과 우리의 관계가 절연된다.

_파커 파머 저, 『가르침과 배움의 영성』(IVP) 213쪽

✎ 주님과 함께 했던 가장 감동적인 기억을 적어보라. 그 감동과 감격을 당신은 학생들에게 전달한 경험이 있는가?

실천의 원리

배움의 목표는 실천에 있고, 배움의 핵심은 깨달음에 있다. 다시 말해, 깨달음의 목표는 실천이다. 깨달음이 뿌리라면, 깨달은 것을 실천하는 것은 그 열매인 것이다. 우리는 실천함으로 배운 진리를 더욱 깊이 깨닫게 된다. 실천을 통해 배운 진리가 우리의 존재에 스며들게 되기 때문이다. 때문에 배움의 최종 단계는 실천이라고 할 수 있다.

> 당신이 정보를 들으면 그중 20%만을 기억할 수 있다. 그것을 듣고 보기까지 한다면 50%를 기억할 수 있다. 그러나 그것을 보고, 듣고, 몸소 행하기까지 한다면 기억할 수 있는 내용은 90%에 이른다. _밥 보일런

배움의 열매를 맺기 원한다면, 배운 것을 반드시 실천해야 한다. 예수님께서는 모든 족속으로 제자를 삼을 때 주님이 명하신 것을 "가르쳐 지키게 하라"(마태복음 28:19~20)고 말씀한다.

"그러므로 너희는 가서 모든 민족을 제자로 삼아 아버지와 아들과 성령의 이름으로 세례를 베풀고 내가 너희에게 분부한 모든 것을 가르쳐 지키게 하라 볼지어다 내가 세상 끝날까지 너희와 항상 함께 있으리라 하시니라"(마태복음 28:19~20)

예수님께서는 제자들에게 모든 족속을 제자로 삼을 때 가르칠 뿐만 아니라 가르친 것을 실천하도록 끝까지 도우라고 명하신 것이다.

당신이 학생들에게 가르치면서 먼저 행한 경험이 있는가? 그때 학생들의 반응은 어떠했는가?

이처럼 가장 훌륭한 교사는 행함으로 가르치는 것이다. 구약에서 가장 훌륭한 교사 한 사람을 꼽으라면 당연히 '에스라'를 꼽을 수 있다. 그 이유는, 그는 행함으로 가르쳤기 때문이다.

"에스라가 여호와의 율법을 연구하여 준행하며 율례와 규례를 이스라엘에게 가르치기로 결심하였었더라"(에스라 7:10)

신약에서 예수님께서는 행함으로 가르침의 모범을 보이신 대표적인 우리의 스승이다. 때문에 예수님의 가르침은 권위가 있다. 누가는 예수님의 생애를 기록할 때, 예수님께서는 행하시고 가르치셨다는 사실을 강조한다.

> "데오빌로여 내가 먼저 쓴 글에는 무릇 예수께서 행하시며 가르치시기를 시작하심부터"(사도행전 1:1)

예수님께서는 가르치고 행한 것이 아니라 행하고 가르치셨다. 때문에 예수님의 가르침은 경험된 진리였다. 가장 강력한 가르침의 권위는 행한 진리를 가르치는 것이다. 나아가 예수님께서는 천국에서의 큰 자를 '행함으로 가르치는 자'라고 강조하셨다.

> "그러므로 누구든지 이 계명 중의 지극히 작은 것 하나라도 버리고 또 그같이 사람을 가르치는 자는 천국에서 지극히 작다 일컬음을 받을 것이요 누구든지 이를 행하며 가르치는 자는 천국에서 크다 일컬음을 받으리라"(마태복음 5:19)

✎ 행함이 선행된 가르침은 사랑과 감동의 가르침이다. 이에 동의하면, 당신은 앞으로 어떠한 교사가 되고 싶은지 결단을 적어보라.

인내의 원리   10

　잘 배우기 위해서는 눈부신 끈기가 필요하다. 배움이란 결코 쉬운 것이 아니다. 그래서 배움은 훈련이라 할 수 있고, 참된 훈련에는 고통이 따르기 마련이다. 반복적인 훈련, 지루한 훈련, 오랜 기다림의 훈련은 모두 배우는 자가 감수해야 한다. 무엇이든지 쉽게 결론을 내려서는 안 된다. 수십 개의 열쇠로 문을 열 때, 열쇠 꾸러미의 열쇠 중 가장 마지막 열쇠로 문이 열릴 수 있다. 때문에 배우는 사람은 절대로 성급하면 안 된다.
　조급함은 쓰레기를 만든다. 밥을 익힐 때 마지막에 뜸을 잘 들이듯, 생각도 잘 익히고 뜸을 들여야 좋은 글이 나온다. 이처럼 배움도 잘 익혀야 한다. 그러기 위해서 배우는 사람은 인내를 취미로 삼아야 한다. 공부는 머리로 하는 것이 아니라 엉덩이로 하는 것이라는 말이 있다. 즉 오래 머물러 관찰할수록 우리는 많은 것을 깨닫게 되는 것이다. 단순히 오래 머물러 집중해서 관찰하는 것만으로도 우리는 많은 것을 배울 수 있다. 인내는 배움의 최고봉이요, 모든 성공의 비결이다.

> 당신에게 인내가 있는가? 만약 인내가 부족하다면, 조급함으로 인해 망쳤던 일을 적어보라.

인내의 원리는 성실함의 원리다. 무엇이든지 좋은 것은 하루아침에 이루어지지 않는다. 우리는 어떤 일을 변함없이, 그리고 일관성 있게 계속하여 그 분야에 통달한 사람을 '전문가'라고 말한다. 전문가가 되는 데는 기술 이전에 성실성이 더욱 요구된다는 사실을 기억하자.

첫째, 성실한 마음은 하나님의 마음이다.

성경 암송을 꾸준히 하기 위해서는 하나님의 성실한 성품을 몸에 익혀야 한다. 하나님의 성실로 우리의 식물을 삼아야 한다.

"여호와를 의뢰하고 선을 행하라 땅에 머무는 동안 그의 성실을 먹을 거리로 삼을지어다"(시편 37:3)

둘째, 성실한 마음은 작은 일에 충성된 마음이다.

작은 것을 소중히 여길 때, 우리는 성실한 사람이 된다. 또한 성실한 사람은 중간에 멈추는 법이 없다. 속도보다 더욱 중요한 것은 방향인데, 방향을 잘 선택한 사람에게는 끝까지 가는 것이 중요하다. 성실한 사람의 특징은 환경의 변화에 따라 요동하지 않는다는 것이다.

다니엘은 성실한 사람이었다. 그는 하루에 세 번씩 성실하게 기도했다. 그가 기도하면 사자 굴에 던짐을 받게 된다는 음모를 알고도, 그는 전에 행하던 대로 기도했다.

> "다니엘이 이 조서에 왕의 도장이 찍힌 것을 알고도 자기 집에 돌아가서는 윗방에 올라가 예루살렘으로 향한 창문을 열고 전에 하던 대로 하루 세 번씩 무릎을 꿇고 기도하며 그의 하나님께 감사하였더라"(다니엘 6:10)

셋째, 성실한 사람은 새벽빛같이 일정하다.

성실한 사람을 신뢰할 수 있는 사람이다. 새벽빛같이 일정하기 때문이다. 호세아는 하나님의 성실한 성품을 일정한 새벽빛에 비유한다.

> "그러므로 우리가 여호와를 알자 힘써 여호와를 알자 그의 나타나심은 새벽 빛같이 어김없나니 비와 같이, 땅을 적시는 늦은 비와 같이 우리에게 임하시리라 하니라"(호세아 6:3)

넷째, 성실한 사람은 일시적인 실패에 낙심하거나 주저앉지 않는다.

실패 중에도 전진하며, 낙심은 거절한다. 최후의 웃는 마라토너처럼 계속해서 전진한다. 때문에 성실한 사람은 뜻한 바를 성취하게 되는 것이다.

성실한 사람은 당황하거나 두려워하지 않는다. 폭풍우가 칠 때도 시간이 계속 흘러가듯이 그들은 그들 자신의 페이스를 유지하면서 행운이나 불행에 영향을 받지 않고 무엇인가를 계속해 나간다.

─ 로버트 루이스 스티븐슨(Robert Louis Stevenson)

다섯째, 성실한 사람은 요동하지 않는 사람이다.

성실한 사람에게는 폭풍우도, 불행한 그 어떠한 환경도 와서 무릎을 꿇게 된다. '성실에는 황혼기가 없다'라는 말을 늘 기억하길 바란다.

인내를 통해 배움에 이른 교사는, 인내를 통해 학생들을 가르친다. 사도 바울은 사랑하는 영의 아들 디모데에게 오래 참을 것을 가장 많이 강조하였다.

"주의 종은 마땅히 다투지 아니하고 모든 사람에 대하여 온유하며 가르치기를 잘하며 참으며"(디모데후서 2:24)

"너는 말씀을 전파하라 때를 얻든지 못 얻든지 항상 힘쓰라 범사에 오래 참음과 가르침으로 경책하며 경계하며 권하라"(디모데후서 4:2)

우리는 농심을 품어야 한다. 농부는 씨앗을 심고 가꾸며 기다린다. 다시 말해, 농부는 인내함으로 풍성한 추수를 하게 된다. 이처럼 하나님 나라의 원리는 겨자씨의 원리이다. 작은 씨앗을 통해 열매를 맺는 것이 천국의 원리인 것이다. 때문에 학생들에게 먼저 씨앗을 나누어 주어야 한다. 그리고 그 씨앗을 통해 열매 맺는 과정을 가르쳐야 한다.

오늘날 교육의 문제는 대부분의 선생님들이 학생들에게 씨를 뿌리기보다는 애초부터 열매를 나눠준다는 데 있다.

_하워드 헨드릭스(Howard G. Hendricks)

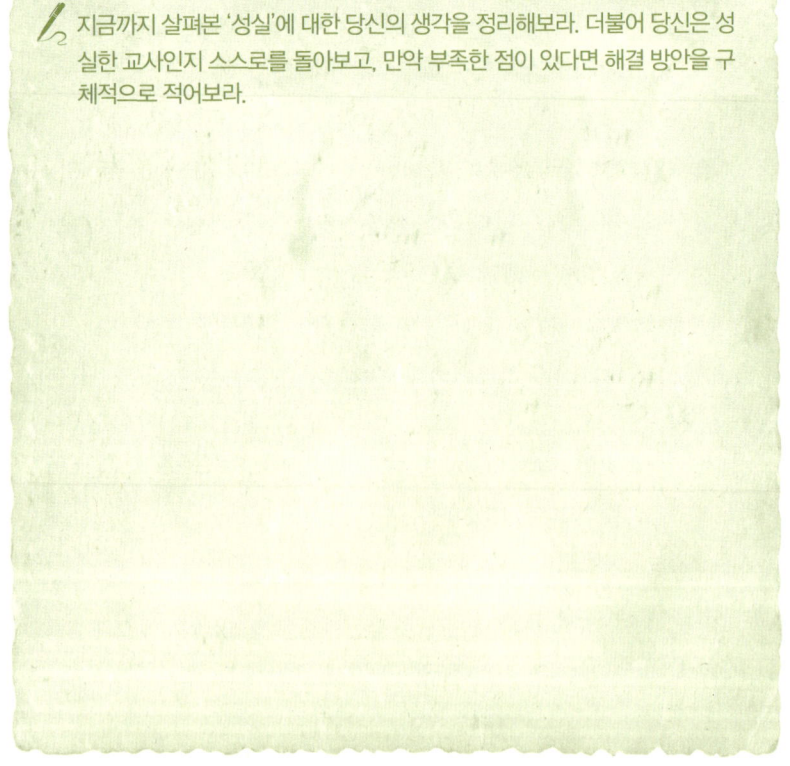

지금까지 살펴본 '성실'에 대한 당신의 생각을 정리해보라. 더불어 당신은 성실한 교사인지 스스로를 돌아보고, 만약 부족한 점이 있다면 해결 방안을 구체적으로 적어보라.

예수님께서는 배움이 안식의 비결임을 아셨다. 수많은 두려움과 염려는 무지에서 비롯된다. 올바로 알면 두려움과 염려는 사라진다. 때문에 참된 지식은 안식을 제공한다. 또한 배움은 문제 해결의 능력을 제공한다. 배움을 통해 지식과 정보를 많이 가진 사람은 문제를 쉽게 해결할 수 있기 때문이다. 나아가 지혜를 통해 지식과 정보를 잘 활용할 줄 아는 사람은 모든 문제를 기회로 만든다. 결국 배움을 통해 우리는 안식에 이르게 되는 결과를 낳는다.

예수님 당시에 수많은 사람이 율법과 전통이라는 무거운 짐 아래 살았다. 그 당시 사람들은 율법의 근본정신인 사랑을 따라 사는 것이 아닌, 사랑이라는 문자를 따라 살았다. 바울은 "율법 조문은 죽이는 것이요 영은 살리는 것이니라"(고린도후서 3:6)고 말씀한다. 또한 율법의 정신과는 동떨어진 유대인의 수많은 전통은 사람들의 어깨에 무거운 짐으로 임했다. 예수님은 복음을 통해 그들을 율법과 전통으로부터 자유하게 하셨다. 예수님의 자유는 방종이 아니다. 참된 자유는 마땅히 행해야 할 것을 행하고, 행하지 않아야 할 것을 행하지 않는 것이다. 참된 자유는 절제에 있다. 섬김에 있는 것이다.

우리는 인생의 무거운 짐 때문에 고통 받는 것이 아니다. 무거운 짐을 해결할 수 있는 지식과 지혜가 부족해서 고통을 받는다. 무거운 짐을 능히 감당할 능력이 있다면, 무거운 짐을 지는 것은 고통이 아니라 즐거움이 될 수 있다. 사랑하는 사람을 위해 대신 담당하는 짐은 오히려 가볍게 느껴질 수도 있다. 잠언은 지식과 지혜가 능력을 준다고 말씀한다.

"지혜 있는 자는 강하고 지식 있는 자는 힘을 더하나니"(잠언 24:5)

우리가 위대한 스승이신 예수님을 통해 생명과 같은 지식을 소유하고, 지식을 활용하는 지혜를 소유하게 되면 어려운 인생도 쉬워질 수 있다. 무거운 짐 진 자들을 배움으로 초청하신 예수님의 말씀을 묵상하자. 그러면 배움의 원리를 깨닫게 될 것이다.

"수고하고 무거운 짐 진 자들아 다 내게로 오라 내가 너희를 쉬게 하리라 나는 마음이 온유하고 겸손하니 나의 멍에를 메고 내게 배우라 그리하면 너희 마음이 쉼을 얻으리니 이는 내 멍에는 쉽고 내 짐은 가벼움이라 하시니라"(마태복음 11:28~30)

배움을 통해 안식을 경험한 교사만이 학생들에게 안식을 제공할 수 있다. 가르침을 통해 안식할 뿐만 아니라 그들 스스로 배움에 이르게 함으로 안식을 제공하는 것이다. 배움의 극치는 예수님께 날마다 나아가는 것이다. 예수님을 닮아가는 것이다. 사랑한다는 것은 닮아가는 것이다. 우리에게 안식을 주시는 배움의 본체이신 예수님, 진리의 본체이신 예수님께 날마다 나아가자. 그러면 예수님 안에서 가르치는 사람과 배우는 사람이 함께 안식을 누리게 될 것이다.

> 당신은 가르침을 안식이라 생각해 본 적이 있는가? 아마도 대부분의 교사들은 "아니오!"라고 대답할 것이다. 하지만 우리는 가르침과 배움에 대한 진리를 배웠다. 당신이 공감하고, 또한 당신에게 부족한 부분을 어떻게 개선해 나갈지 자세히 적고 스스로 정리해보라.

01 예수님은 **성령님을 힘입어** 가르치셨다

02 성령님은 **우리를 진리 가운데로** 인도하신다

03 성령님은 **모든 것을 가르쳐** 주신다

04 성령님은 진리의 본체이신 **예수님을 증거**하신다

05 성령님은 **하나님의 깊은 것을 통달**하도록 도와주신다

06 성령님은 우리가 배운 것을 **확신에 이르도록** 도와주신다

07 성령님은 **학생들을 사랑할 수 있도록** 도와주신다

08 성령님은 **교사가 학생들을 위해 기도하도록** 도와주신다

09 성령님은 교사와 학생들에게 **하나님의 꿈을 꾸도록** 도와주신다

10 성령님은 **교사에게 필요한 모든 것을 공급**해 주신다

Part 3

변화와 성숙을 위한 교사, 성령님

우리 속의 필요한 변화는 하나님의 일이지 우리의 일이 아니다.
필요한 일은 내부의 일에 대한 것이지 오직 하나님만이 그 내부의 일을 하실 수 있다.
- 리처드 포스터(Richard Foster) -

복음주의적인 기독교 교육은 그리스도를 중심으로 성경에 근거를 두며, 사람들이 그리스도를 알고 그 안에서 성장할 수 있도록 하나님의 말씀을 성령의 능력으로 배우는 자들에게 전달하는 과정이다.

_Zuck, Roy B., 『Spirit Filled Teaching』(W Publishing Group)

성령의 가르치는 사역이라는 관점에서 볼 때 기독교 교육은 선생들이 수업을 준비하면서 성령의 인도하심을 따르고, 가르치는 동안에는 성령의 인도하심을 받을 준비가 되어야 한다.

_Zuck, Roy B., 『Spirit Filled Teaching』(W Publishing Group)

성령님은 진리의 스승이시다. 가장 위대한 교사가 예수님이라면, 성령님 또한 가장 탁월한 교사가 되신다. 우리는 성령님의 기름 부으심에 대해 많이 이야기한다. 성령님의 기름 부으심은 가르치는 사역과 관련되어 있다. 우리가 성령님의 기름 부으심을 사모하는 이유는, 성령님께서 임하실 때 우리에게 깨달음이 임하기 때문이다. 깨달음은 성령님의 조명하심의 역사이다. 우리는 깨달음을 통해 변화와 성숙의 열매를 맺게 된다. 때문에 교사는 성령님에 의해 먼저 거듭나야 한다. 일반 교육은 성령님의 도우심이 필요 없다. 반면에 기독교 교육은 처음부터 끝까지 성령님의 도우심을 받아야만 한다. 바로 이 점이 일반 교육과 기독교 교육의 가장 큰 차이점이다. 교회는 성령님을 통해 거듭난 교사가 절실하게 필요하다.

기독교 교육의 목적을 이루기 위해서는 거듭난 선생이 필요하다. 영적으로 성숙한 선생들만이 영혼을 변화시키고, 크리스천으로서 인격을 다듬고, 학생들이 하나님의 뜻에 따르도록 지도할 수 있다.

_Zuck, Roy B., 『Spirit Filled Teaching』(W Publishing Group)

✎ 당신은 일반 교육과 기독교 교육의 차이를 이해하는가? 그렇다면, 구체적인 실례를 적어보라.

_____
_____
_____
_____
_____

교사는 먼저 성령님을 자신의 거룩한 스승으로 삶 속에 모셔야 한다. 성경을 통해 성령님이 거룩한 스승이심을 절실하게 깨달아야 한다.

> 성경이 거룩한 선생이신 성령에 관해 가르쳐주고 있는 것을 알면, 가르치는 자들은 하나님의 말씀을 가르칠 때 그들이 어떻게 성령께 의지하고 그와 협력할 수 있는지 더 잘 알 수 있다.
>
> _Zuck, Roy B., 『Spirit Filled Teaching』(W Publishing Group)

우리가 성령님을 알아야 하고 의지해야 하는 이유는, 학생들을 변화시키는 것은 오직 하나님의 일이기 때문이다. 여기서 우리는 하나님께서 하시는 일과 우리가 해야 할 일을 분명히 구분하여 알아야 있다. 인간은 다만 하나님께서 일하실 수 있는 자리를 만들어 드리는 것뿐이다. 사도 바울은 이 사역에 대해 누구보다 정확하게 이해하고 있었다.

"나는 심었고 아볼로는 물을 주었으되 오직 하나님께서 자라나게 하셨나니 그런즉 심는 이나 물 주는 이는 아무 것도 아니로되 오직 자라게 하시는 이는 하나님뿐이니라"(고린도전서 3:6~7)

교사가 심고, 물을 줄 수 있다. 그러나 자라게 하시는 분은 오직 하나님이시다. 때문에 우리는 성령님을 의지해야 한다. 우리가 가르칠 때 성령님께서 도와주셔야만 변화와 성숙의 역사가 나타나는 것이다. 성령님께서는 존재의 혁명을 일으키는 일을 주도하신다. 우리는 성령님이 교사로서 어떻게 역사하시는가를 알아야 한다. 가르침과 배움에 있어 성령님의 역할을 알수록 가르침의 사역은 능력으로 나타나게 된다.

> 변화와 성숙의 역사는 성령님의 영역임을 인정하는가? 당신의 가르치는 사역에 있어서 성령님의 역사를 경험한 일이 있다면, 구체적으로 적어보라.

예수님은 성령님을 힘입어 가르치셨다   01

첫째, 예수님 사역의 핵심은 가르침에 있었다.

예수님의 공생애 중 핵심 사역은 바로 '가르침'이었다. 예수님께서는 가르침을 통해 천국 복음을 전파하셨고, 가르침을 통해 제자들을 양육하셨다.

"예수께서 온 갈릴리에 두루 다니사 그들의 회당에서 가르치시며 천국 복음을 전파하시며 백성 중의 모든 병과 모든 약한 것을 고치시니"(마태복음 4:23)

✎ 예수님 사역의 핵심은 가르침이셨다. 3년간 예수님의 공생애를 통해, 예수님의 가르침 사역을 성경에 근거하여 정리해보라.

둘째, 예수님은 가르침의 사역을 위해 성령님을 의지하셨다.

예수님께서는 성령님을 의지하여 하나님의 말씀을 가르치셨다. 더욱 놀라운 사실은, 예수님은 성령님을 의지하지 않고는 어떤 일도 하지 않으셨다는 점이다. 예수님께서는 성령님을 존귀히 여기셨고, 성령님과 더불어 사역하셨다. 예수님께서는 친히 하나님 아버지께서 성령님을 한량없이 부어주셨다는 사실을 증거하셨다.

"하나님이 보내신 이는 하나님의 말씀을 하나니 이는 하나님이 성령을 한량없이 주심이니라"(요한복음 3:34)

예수님께서 공생애를 시작하실 때 자신의 사역에 대해 이사야 61장 1~2절의 말씀을 인용하셨다. 그 말씀을 통해 우리는 예수님의 사역은 성령님과 함께 시작하여 늘 성령님과 함께 일하셨다는 것을 알 수 있다.

"주의 성령이 내게 임하셨으니 이는 가난한 자에게 복음을 전하게 하시려고 내게 기름을 부으시고 나를 보내사 포로 된 자에게 자유를, 눈 먼 자에게 다시 보게 함을 전파하며 눌린 자를 자유롭게 하고 주의 은혜의 해를 전파하게 하려 하심이라 하였더라"(누가복음 4:18~19)

예수님과 함께 3년을 동행한 사도 베드로는, 자신이 관찰했던 예수님의 사역을 다음과 같이 전한다.

"하나님이 나사렛 예수에게 성령과 능력을 기름 붓듯 하셨으매 그가 두루 다니시며 선한 일을 행하시고 마귀에게 눌린 모든 사람을 고치셨으니 이는 하나님이 함께 하셨음이라"(사도행전 10:38)

이 모든 일은 이사야 선지자의 예언을 성취한 것이었다. 이사야 선지자는 예수님 위에 성령님께서 강림하실 것을 이미 예언하였다.

"그의 위에 여호와의 영 곧 지혜와 총명의 영이요 모략과 재능의 영이요 지식과 여호와를 경외하는 영이 강림하시리니"(이사야 11:2)

> 당신은 가르치는 사역 중 성령님을 의지한 경험이 있는가? 성령님을 의지했을 때와 의지하지 않았을 때의 차이점, 당신의 경험을 솔직하게 적어보라.

셋째, 예수님은 제자들에게 교사이신 성령님을 의지하도록 가르치셨다.

예수님은 제자들에게 성령님을 소개하셨다. 예수님께서 제자들과 함께 있을 때에는 예수님께서 제자들을 직접 가르치셨지만, 예수님께서 그들 곁을 떠날 때에는 성령님께서 친히 그들을 가르쳐 주실 것이라고 말씀하셨다.

"보혜사 곧 아버지께서 내 이름으로 보내실 성령 그가 너희에게 모든 것을 가르치고 내가 너희에게 말한 모든 것을 생각나게 하리라"(요한복음 14:26)

우리가 교사로서 해야 할 가장 중요한 일은, 예수님께서 제자들에게 하셨던 것처럼 학생들이 그들 안에 거하시는 성령님을 의지하도록 돕는 것이다. 교사가 함께할 수 없는 자리에서 그들이 성령님의 도우심을 직접 받도록 가르치는 것이 바로 우리 교사가 해야 할 일이다.

> 학생들에게 성령님을 소개한 적이 있는가? 어떻게 소개했는지 적어보고, 학생들이 당신의 가르침대로 성령님을 의지했던 경험을 적어보라.

02
성령님은
우리를 진리 가운데로
인도하신다

성령님은 진리의 영이시다. 때문에 성령님은 우리를 모든 진리 가운데로 인도하신다. 우리의 목표는 학생들에게 지식을 주입시키는 것이 아니라 진리 가운데로 인도하는 것이다. 그러기 위해서 우리는 우리를 모든 진리 가운데로 인도하시는 진리의 성령님을 의지해야 한다.

> "그러나 진리의 성령이 오시면 그가 너희를 모든 진리 가운데로 인도하시리니 그가 스스로 말하지 않고 오직 들은 것을 말하며 장래 일을 너희에게 알리시리라"(요한복음 16:13)

예수님은 진리의 본체시다. 예수님 자신이 진리가 되신다(요한복음 14:6). 예수님 안에는 진리가 충만하다(요한복음 1:14). 진리란 예수님 자신일 뿐만 아니라 예수님께서 가르쳐 주신 하나님 나라의 원리가 모두 진리에 속한다. 예수님의 진리는 변하지 않는다. 진리는 영원하다.

하나님의 진리는 시대와 성별과 인종과 장소를 초월해서 역사한다. 성령님은 우리를 모든 진리 가운데로 인도하신다(요한복음 16:13). 예수님 안에 있는 하나님의 진리는 충만하고 풍성하며 다양하다. 그래서 예수님께서는 제자들에게 성령님께서 그들을 모든 진리 가운데로 인도하신다고 말씀한다.

> 진리의 본체이신 예수님과 진리의 영이신 성령님에 대해 각각 정리해보라.

하나님의 진리 속에는 인생이란 무엇이고, 인간이란 누구이며, 하나님은 어떤 분인가라는 내용이 모두 포함되어 있다. 즉 기독교적인 인문학이 모두 포함되어 있다. 인문학이란 인생과 인간에 대한 학문이다. 하지만 기독교적 인문학이란 인생을 섭리하시고 인간을 만드신 하나님에 대한 모든 지식이 포함되어 있다. 그래서 기독교적 인문학이 가장 탁월하다.

하나님의 진리는 곧 '진리의 말씀'을 의미한다. 하나님의 말씀을 깨닫기 위해서는 성령님의 도우심이 반드시 필요하다. 성령님께서 우리의 눈을 열어

주실 때, 우리는 영적 시력을 얻게 된다. 그때 진리의 말씀이 우리의 내면에 침투해 들어오게 된다.

> 참으로 하나님의 말씀은 태양과 같이 말씀이 선포된 모든 사람에게 비치지만, 눈먼 사람들에게는 아무 효과가 없다. 그런데 이 점에서 우리는 원래 모두 눈이 멀었다. 따라서 성령이 내면적 교사가 되셔서 우리의 마음을 비추시며, 하나님의 말씀이 들어올 길을 마련하시지 않으면, 하나님의 말씀은 우리의 마음에 침투할 수 없다. _존 칼빈, 『기독교강요(중)』(생명의말씀사) 65쪽

> 기독교적 인문학이란 무엇인가? 일반 인문학과 비교하여 적어보라. 나아가 인간을 창조하신 하나님에 대한 당신의 지식을 아는 대로 정리해보라.

성령님은 모든 것을 가르쳐 주신다

가장 위대한 스승은 성령님이시다. 교사로서 우리의 역할은 위대한 스승을 만나도록 도와주는 일이다.

"보혜사 곧 아버지께서 내 이름으로 보내실 성령 그가 너희에게 모든 것을 가르치고 내가 너희에게 말한 모든 것을 생각나게 하리라"(요한복음 14:26)

성령님을 의지할 때, 즉 성령님의 기름 부으심을 의지할 때 우리는 성령님을 통해 모든 것을 배울 수가 있게 된다. 때문에 교사로서 우리의 역할은, 모든 것을 가르쳐 주시는 성령님의 도구로 온전히 쓰임 받는 것이다.

사도 요한은 우리에게 성령님의 기름 부으심이 모든 것을 가르쳐 준다는 사실을 알려준다.

"너희는 주께 받은 바 기름 부음이 너희 안에 거하나니 아무도 너희를 가르칠 필요가 없고 오직 그의 기름 부음이 모든 것을 너희에게 가르치며 또 참되고 거짓이 없으니 너희를 가르치신 그대로 주 안에 거하라"(요한일서 2:27)

첫째, 성령님은 예수님의 가르침을 생각나게 하신다.

성령님은 '생각나게 하시는 분'(reminder)이시다. 성령님은 예수님을 기억하게 하시고, 또한 예수님의 가르침을 기억나게 하신다.

"보혜사 곧 아버지께서 내 이름으로 보내실 성령 그가 너희에게 모든 것을 가르치고 내가 너희에게 말한 모든 것을 생각나게 하리라"(요한복음 14:26)

성령님은 예수님의 가르침뿐만 아니라 예수님을 생각나게 하신다. 가르침에 있어서 기억은 아주 중요하다. 참된 가르침은 우리의 기억 속에 새겨진다. 또한 마음에 새겨진다. 참된 가르침이 깊어지면 우리의 전 존재 속에 새겨지게 되는 것이다.

배운다는 것은 기억한다는 것이다. 기억은 우리가 알고 있는 것을 다시 생각하는 것, 그 이상으로 중요한 역할을 한다. 기억은 우리로 하여금 과거를 생생하게 다시 경험하도록 도와준다.

기억, 즉 're-member'는 우리가 공동체를 형성하는 도구임을 의미한다. 성령님께서 우리에게 생각나게 하시는 사역을 통해, 우리는 '교회란 예수님을 중심에 모신 공동체'임을 기억하게 된다.

나아가 성령님은 우리가 누구의 제자인가를 거듭 상기시켜 주신다. 성령님은 우리가 가장 탁월한 스승이신 예수님의 제자라는 사실을 거듭 상기시켜 주시는 것이다. 이는 우리 또한 성령님을 힘입어 거듭 학생들에게 예수님이 생각나도록 도와주어야 한다는 것을 의미한다.

> ✎ 기억(reminder)은 우리가 예수님의 제자임을 항상 깨달아 삶에서 제자의 삶을 살도록 도와준다. 그렇다면, 당신은 예수님의 가르침을 얼마나 기억하며 생활 속에서 실천하는가?

둘째, 성령님은 우리가 전혀 모르던 것을 가르쳐 주실 수 있다.

성령님은 언제든지 초월적으로 역사하실 수 있다. 성령님의 영감이 임할 때 우리는 이미 배운 것을 기억할 수 있을 뿐만 아니라 이전에 전혀 알지 못했던 것을 알게 된다. 또한 이전에 전혀 깨닫지 못했던 사실을 깨닫게 된다. 예를 들어, 나의 경우에는 말씀을 준비하거나 강의를 준비할 때 성령님을 의지한다. 성령님을 의지할 때 성령님은 내가 전하려는 말씀과 관련된 성경 말씀을 생각나게 하신다. 이전에 읽고 들으며 암송하고 묵상했던, 나아가 실천했던 말씀까지 생각나게 하신다. 때문에 우리는 항상 하나님의 말씀을 많이 읽고 암기하며 배워야 한다. 우리 안에 하나님의 말씀을 많이 담고 있을수록 성령님은 더욱 효율적으로 역사하신다. 또한 성령님을 의지할 때 이전에 전혀 보지 못했던 것을 보게 하시고, 알지 못했던 것을 알게 하시며, 깨닫지 못했던 것을 깨닫게 하신다.

존 칼빈은 성령님께서 도와주실 때 우리 이해력을 초월한 경지에 이를 수 있다고 말한다.

> 그러므로 하나님의 영에 …… 일단 끌려가면 우리의 지성과 마음은 높이 들려 우리의 이해력은 초월한 경지에 이른다. 그때에 우리의 영혼은 성령의 조명을 받아 이를테면 새로 날카로운 시력을 얻어, 이전에 눈을 멀게 했던 그 찬란한 하늘의 비밀을 보게 된다.
>
> _존 칼빈, 『기독교강요(중)』(생명의말씀사) 65쪽

✎ 당신은 모든 것을 초월하여 깨닫게 하시는 성령님을 얼마나 의지하여 학생들을 가르치고 있는가?

성령님은 진리의 본체이신 예수님을 증거하신다

정통적 기독교 신앙은 삼위일체 하나님을 믿는다. 우리는 성부 하나님, 성자 예수님, 성령 하나님이 삼위일체로 존재하심을 믿는다. 삼위일체 하나님은 아름다운 질서와 조화 속에서 서로 협력하여 일하신다.

독생자이신 예수님은 하나님 아버지를 높여 드리고, 성령님은 예수님을 증거하신다. 반대로 예수님 또한 성령님을 증거하신다. 예수님은 제자들과 우리를 위해 하나님 아버지께로부터 성령님을 받아 우리에게 부어주셨다.

삼위일체 하나님을 통해 우리가 배우는 원리는, 먼저 존중의 원리이다. 서로를 존중하시는 삼위일체 하나님을 통해 우리는 존중의 원리를 배우게 된다. 나아가 창조사역과 구속사역을 삼위일체 하나님께서 함께 이루신 것을 통해 협력의 원리를 배우게 된다. 하나님의 자녀들의 중생과 성화와 영화에 이르는 모든 사역을 함께 이루시는 삼위일체 하나님께 협력의 원리를 배울 수 있다.

"내가 아버지께로부터 너희에게 보낼 보혜사 곧 아버지께로부터 나오시는 진리의 성령이 오실 때에 그가 나를 증언하실 것이요 너희도 처음부터 나와 함께 있었으므로 증언하느니라"(요한복음 15:26~27)

A. W. 토저는 자신의 책『보혜사』(규장)에서 삼위일체를 가장 잘 표현해 준 아타나시우스 신경을 다음과 같이 소개한다.

아타나시우스 신경

성부 한 분이 계시고, 성자 한 분이 계시고, 성령 한 분이 계시지만 성부와 성자와 성령은 한 하나님이시다. 성부와 성자와 성령의 영광은 동일하고, 성부와 성자와 성령의 위엄도 똑같이 영원하다.

성부는 창조되시지 않은 분이요, 성자도 창조되시지 않는 분이요, 성령도 창조되시지 않은 분이시다. 성부도 무한하시고, 성자도 무한하시고, 성령도 무한하시다. 성부도 영원하시고, 성자도 영원하시고, 성령도 영원하지만, "영원한 분"이 세 분이 아니라 한 분이시다. 이와 마찬가지로 "창조되지 않는 분"도 세 분이 아니라 한 분이시며, "무한한 분"도 세 분이 아니라 한 분이시다.

성부도 전능하시고, 성자도 전능하시고, 성령도 전능하시다. 그러나 "전능하신 분"이 세 분이 아니라 한 분이시다. 성부도 하나님이시오, 성자도 하나님이시오, 성령도 하나님이시다. 그러나 하나님이 세 분이 아니라 한 분이시다. 성부도 주님이시며, 성자도 주님이시며, 성령도 주님이시다. 그러나 주님이 세 분이 아니라 한 분이시다. 그러므로 성부도 하나님이시고 성자도 하나님이시며, 성부도 주님이시고 성자도 주님이시다. 이와 마찬가지로 성령도 하나님이시고 주님이시다. 성부는 그 누구로부터 만들어지시지 않았으며 창조되시지도 않고 태어나시지도 않았다. 성자는 오직 성부로부터 오셨지만, 만들어지지 않고 창조되시지도 않았다. 성령은 성부와 성자로부터 오셨지만, 만들어지시니 않고 창조되시지 않고 태어나시지 않고 오직 발출하셨을 뿐이다.

_A. W. 토저 저, 『보혜사』(규장) 175~176쪽 재인용

삼위일체 하나님에 대해 정리해보라.

성령님이 임하면, 우리는 예수님이 진리이심을 증거하게 된다. 예수님이 구세주이심을 증거하고, 하나님께서 구약에 약속하신 메시아이심을 증거하게 된다. 성령님은 우리의 초점을 언제나 예수님께 맞추도록 도와주시기 때문이다. 결국 성령이 충만한 교사는 성령님이 하시는 일을 그대로 하게 된다. 학생들의 시선이 오직 예수님께로만 향할 수 있도록 도와주게 되는 것이다.

"오직 성령이 너희에게 임하시면 너희가 권능을 받고 예루살렘과 온 유대와 사마리아와 땅 끝까지 이르러 내 증인이 되리라 하시니라"(사도행전 1:8)

날마다 성령 충만한 교사가 되기 위한 당신의 간절함은 어느 정도인가? 성령 충만한 교사가 되기 위해 당신은 어떤 노력을 하고 있는지 적어보라.

성령님은 하나님의 깊은 것에 통달하도록 도와주신다

05

교사는 깊이 있는 사람, 깊은 것에 통달할 수 있는 사람이어야 한다. 반짝이는 총기(聰氣)보다 더 중요한 것은 깊이다. 총기(聰氣)가 있다 할지라도 깊이가 없으면 잘못 판단하게 된다. 의사에게 깊이가 없을 때 환자를 올바로 진단하지 못한 결과를 가져오게 된다. 마찬가지로, 교사에게 깊이가 없으면 학생들의 필요를 올바로 진단하지 못한다. 교사로 하여금 깊은 통찰력을 갖도록 도와주시는 분은 성령님이시다. 성령님은 하나님의 깊은 것까지 통달하시는 유일한 분이다.

"오직 하나님이 성령으로 이것을 우리에게 보이셨으니 성령은 모든 것 곧 하나님의 깊은 것까지도 통달하시느니라 사람의 일을 사람의 속에 있는 영 외에 누가 알리요 이와 같이 하나님의 일도 하나님의 영 외에는 아무도 알지 못하느니라"(고린도전서 2:10~11)

성령님은 하나님의 깊은 것까지도 통달하실 뿐만 아니라 우리가 교사로서 알아야 할 주제를 통달하도록 도와주신다. 우리는 학생들을 섬기기 전, 하나님을 섬기는 사람들이다. 다시 말해, 학생들을 가르치는 섬김으로 하나님을 섬기는 사람들이다.

> "히스기야는 여호와를 섬기는 일에 능숙한 모든 레위 사람들을 위로하였더라 이와 같이 절기 칠 일 동안에 무리가 먹으며 화목제를 드리고 그의 조상들의 하나님 여호와께 감사하였더라"(역대하 30:22)

레위 사람들이 하는 일은 제사를 드리는 것과 가르치는 일이었다. 그들은 하나님께 예배하기 위한 각 분야에 통달했을 뿐만 아니라 가르치는 일에도 통달의 경지에 이른 사람들이었다. 이에 히스기야는 그들의 노고를 다음과 같이 위로했.

> "그가 누구와 더불어 의논하셨으며 누가 그를 교훈하였으며 그에게 정의의 길로 가르쳤으며 지식을 가르쳤으며 통달의 도를 보여 주었느냐"(이사야 40:14)

성령님을 의지하자! 하나님의 깊은 것까지 통달하시는 성령님만을 의지하자. 그러면 우리가 가르치는 주제뿐만 아니라 학생들의 속사람을 통달하게 해 주실 것이다. 성령님의 조명하심이 없이는 깊은 진리를 이해할 수 없고, 깨달을 수도 없다.

> 성령의 조명을 통해 성령은 믿는 자들이 하나님의 진리 안에 숨어 있는 뜻과 가치를 이해하고, 진심으로, 그것을 적용하기 위해 기꺼이 받아들이도록 돕는다. "성령의 조명"은 마음과 정신이 깨달은 것을 충분히 이해하도록 돕는다.
>
> _Zuck, Roy B., 『Spirit Filled Teaching』(W Publishing Group)

당신은 깊이가 있는 교사라고 생각하는가? 만약 그렇지 않다면, 무엇이 부족하다고 생각하는가? 깊은 것까지 통달하시는 성령님께 깊은 것까지 통달할 수 있는 은혜를 간구하라.

06 성령님은 우리가 배운 것을 확신에 이르도록 도와주신다

우리가 중요한 것을 배운다고 해도, 그 배운 것을 확신하지 못하면 그것을 경험할 수가 없다. 왜냐하면 확신이 없기에 배운 것을 삶 속에 적용(활용)하지 못하기 때문이다. 영적 성숙은 많은 것을 배우는 데 있는 것이 아니다. 가장 중요한 배움을 확신하는 데 있다. 그리고 그것을 삶 속에 적용(활용)하는 데 있다. 그때 우리는 진정한 변화와 성숙을 경험하게 된다.

사도 바울은 디모데에게 배우는 데 그치지 말고, 배운 것을 확신하는 데 이르라고 말씀한다.

> "그러나 너는 배우고 확신한 일에 거하라 너는 네가 누구에게서 배운 것을 알며"(디모데후서 3:14)

우리가 확신에 이르는 길은 훌륭한 스승에게서 배우는 것이요, 우리가 배운 것을 체계화시키는 것이다. 배운 것을 삶 속에 적용함으로 그 진리를 경험하게 될 때 확신에 이르게 된다. 그리고 확신에 이르게 되는 가장 중요한 것은 무엇보다 성령님의 역사가 있어야만 가능하다.

"이는 우리 복음이 너희에게 말로만 이른 것이 아니라 또한 능력과 성령과 큰 확신으로 된 것임이라 우리가 너희 가운데서 너희를 위하여 어떤 사람이 된 것은 너희가 아는 바와 같으니라"(데살로니가전서 1:5)

제자들은 예수님과 함께 생활하면서도 확신하지 못할 때가 있었다. 예수님 부활의 소식을 듣고도 이를 의심한 제자도 있었다. 하지만 그들이 성령의 충만함을 받은 후에는 확신에 찬 삶을 살게 되었다.

당신도 예수님의 제자들처럼 확신하지 못해 주님을 의심했던 경험이 있는가? 어떻게 확신하게 되었으며, 그 후에 당신의 삶에서 가장 큰 변화는 무엇이었는지 적어보라.

교사는 의심하는 사람들을 긍휼히 여길 줄 알아야 한다. 성령 충만했던 세례 요한도 옥에 갇힌 후에 침체와 의심을 경험했다. 의심은 죄가 아니다. 의심(疑心)은 의문(疑問)을 낳고, 의문(疑問)은 질문(質問)을 낳는다. 그리고 우리는 올바른 질문을 통해 더욱 확신에 이르게 된다. 확신에 이르는 과정에서 의심과 의문과 질문은 중요한 역할을 한다. 때문에 유다는 "의심하는 자들을 긍휼히 여기라"(유다서 1:22)고 가르친다.

"어떤 의심하는 자들을 긍휼히 여기라"(유다서 1:22)

의심이 확신에 이르는 과정에서 필요하긴 하지만, 의심은 풍성한 열매를 맺지 못한다. 믿음과 확신만이 풍성한 열매를 맺게 한다. 또한 기억해야 할 것이 있는데, 의심은 참된 지식이 없는 확신이라는 것이다. 때문에 올바른 지식을 겸비하지 않은 확신은 때로 아주 위험하다. 바울이 지적한 것처럼, 이는 마치 올바른 지식을 겸비하지 않은 열심과 같다(로마서 10:2). 성령 충만한 가운데 올바른 지식과 올바른 가르침을 통해 경험하는 확신이 풍성한 열매를 맺게 된다. 또한 지속적인 확신을 위해 지속적인 성령 충만을 사모해야 한다. 성령 충만은 일회적인 경험이 아니다. 지속적으로 추구해야 할 경험이다.

교사는 무엇보다 복음에 대한 지식과 확신이 필요하다. 교사가 모든 것을 다 잘 알 수는 없다. 언제나 모든 것에 확신으로 충만할 수도 없다. 하지만 복음에 대한 확신은 아주 중요하다. 또한 교사는 의심하는 학생들을 이해해 주고, 의심을 통해 확신에 이르게 된 자신의 경험을 솔직하게 나누어 주는 것이 필요하다. 그런 과정을 통해 교사는 학생들을 성령님의 도우심을 받아 깊은 확신으로 인도할 수 있게 되는 것이다. 그때 비로소 하나님의 말씀이 학생들의 머리가 아닌 마음 깊은 곳에 뿌리를 내리게 된다.

하나님의 말씀을 믿음으로 받아들이려면, 그 말씀이 두뇌의 상층부에서 돌아다녀서는 안 되고, 마음의 깊은 곳에서 뿌리를 내려야 한다. …… 하나님의 영의 조명이 지성에 진정한 이해력을 준다면, 마음에 확신을 주는 것 또한 성령의 능력임은 더욱 분명하다.

_존 칼빈 저, 『기독교강요(중)』(생명의말씀사) 67쪽

당신은 성령님을 힘입어 의심하는 학생들을 긍휼히 여기고 그들을 확신에 이르도록 돕고 있는가? 만약 부족한 부분이 있다면, 어떻게 보완해 나가고자 하는지 적어보라.

성령님은 학생들을 사랑할 수 있도록 도와주신다

교사에게 가장 중요한 것은 '사랑'이다. 존재의 혁명은 사랑의 혁명이다. 기술이 학생을 변화시키는 것이 아니라 사랑이 학생을 변화시킨다. 우리는 가르침을 사랑하기보다는 가르치는 학생들을 사랑해야 한다. 가르침의 재능과 은사를 받은 사람들은 가르침 자체를 너무 사랑한 나머지, 가르침을 받고 있는 학생들을 소홀히 할 수 있다. 학생들을 변화시키는 원동력은 오직 사랑임을 기억하자. 교사는 실패할 수 있지만, 사랑은 결코 실패하지 않는다.

백화점 왕 워너메이커가 주일학교 부장으로 일할 때, '존'이라는 문제아가 있었다. 교사들은 모두 다 존에 대한 교육을 포기하고 그의 퇴학을 주장했다. 다른 학생들을 위해 존을 퇴학시킬 수밖에 없다는 것이다. 그때 한 교사가 존을 맡겠다고 나섰다. 존은 그 여교사의 반에 편입됐다. 한번은 여교사가 존이 싸움하는 것을 말리고 훈계하자, 존은 욕설을 하며 여교사의 얼굴에 침을 뱉었다. 여교사는 얼굴의 침을 닦으며 존에게 말했다. "존, 우리 집에 놀러 오렴. 너에게 줄 멋진 선물이 있단다." 존은 여교사로부터 멋진 조끼와 편지를 선물로 받았다. 편지에는 이렇게 적혀 있었다. "존, 나는 너를 사랑한다. 절대 우리 반을 떠나지 마라. 선생님은 너를 위해 매일 기도한단다." 이튿날 여교사의 집 앞에서 한 소년이 무릎을 꿇은 채 울고 있었다. 존이었다. 사랑의 기도는 사람을 변화시킨다.

_박재호 저, 『똑똑한 사람보다 참된 바보가 되라』(비전북) 60~61쪽

> 혹시 당신에게도 '존'과 같은 학생이 있었는가? 당신은 그 학생에게 어떻게 하였는가? 만약 존과 같은 학생을 만나면, 앞으로 어떻게 할지 적어보라.

학생들을 무조건적인 사랑으로 사랑할 수 있는 능력은, 오직 성령님을 통해서만 가능하다. 성령님은 사랑의 영이시며, 하나님의 사랑을 우리 마음에 부어주시는 영이시다.

> "소망이 우리를 부끄럽게 하지 아니함은 우리에게 주신 성령으로 말미암아 하나님의 사랑이 우리 마음에 부은 바 됨이니"(로마서 5:5)

사람을 변화시키는 사랑 가운데 가장 중요한 것은 오래 참는 것이다. 우리는 사랑하는 만큼 오래 참을 수 있다. 사랑하는 것만큼 기다리고, 사랑하는 것만큼 견딘다. 오래 참을 수 있도록 도와주시는 분도 성령님이시다.

> "오직 성령의 열매는 사랑과 희락과 화평과 오래 참음과 자비와 양선과 충성과 온유와 절제니 이같은 것을 금지할 법이 없느니라"(갈라디아서 5:22~23)

오래 참음은 인간의 훈련의 열매라기보다는 성령님의 열매임을 기억하자. 교사의 부르심은 사랑으로의 부르심이다. 예수님께서는 제자들에게 "서로 사랑하라"(요한복음 13:34)고 명하셨다. 결코 "서로 좋아하라"고 명하신 적이 없다. 좋아하는 사람만 사랑하라고 명하신 적도 없다.

성숙한 교사는 좋아하지 않는 사람도 사랑하는 훈련을 해야 한다. 놀라운 사실은 좋아하지 않는 사람도 사랑하다 보면 좋아하게 되는 신비를 경험하게 된다. 사랑의 신비는 학생들을 의지적으로 사랑하다 보면 사랑하는 감정이 저절로 따라온다는 것이다.

훌륭한 교사는 좋아하는 학생들과 좋아하지 않는 학생들을 구분하지 않는다. 교사도 사람이기 때문에 좋아하는 학생과 좋아하지 않는 학생이 있을 수 있다. 하지만 거기에 머물러서는 안 된다.

참된 사랑은 차별이 없어야 한다. 참된 사람은 모든 학생을 사랑할 수 있어야 한다. 특별히 사랑할 수 없는 학생을 더욱 사랑할 때 진정한 사랑의 사람이 된다. 사람은 사랑을 먹고 산다. 다시 말해, 사랑에 의해 변화된다. 성령님의 인도를 받아 누구든지 집중해서 관심을 가지고 사랑하자. 그리고 어떻게 변화되는지를 살펴보자. 성령님께서 부어주시는 하나님의 사랑은 사람을 변화시키는 능력이 된다.

오래 참음도 성령의 열매이다. 성령의 열매 중 당신에게 부족한 것을 적고, 성령님께 간구해보라. 성령의 열매는 사랑으로 시작된다. 성령님의 열매의 뿌리는 하나님의 사랑에 있음을 기억하자.

성령님은 교사가 학생들을 위해 기도하도록 도와주신다

가장 훌륭한 교사는 기도하는 교사이다. 중보기도는 사역의 최고봉이다. 예수님께서는 지금도 우리를 위해 중보기도를 하신다(로마서 8:34; 히브리서 7:25). 물론 우리의 가르침도 중요하지만, 학생들을 변화시키는 원동력은 기도에 있다. 앞서 반복했듯이, 사람을 변화시키는 일은 우리의 일이 아닌 하나님의 일이기 때문이다. 우리가 하는 일은 학생들이 변화될 수 있는 환경을 만드는 것임을 잊지 말자. 학생들이 변화될 수 있는 공간을 만들고 만남을 조성하는 일을 하는 사람이 바로 우리 교사이다. 성령님은 우리를 위해, 그리고 우리가 가르치는 학생들을 위해 기도해 주신다. 또한 성령님은 기도를 통해 우리의 연약함을 도와주신다.

"이와 같이 성령도 우리의 연약함을 도우시나니 우리는 마땅히 기도할 바를 알지 못하나 오직 성령이 말할 수 없는 탄식으로 우리를 위하여 친히 간구하시느니라 마음을 살피시는 이가 성령의 생각을 아시나니 이는 성령이 하나님의 뜻대로 성도를 위하여 간구하심이니라"(로마서 8:26~27)

성령님께서 우리의 연약함을 도와주시는 것처럼, 우리도 연약한 학생들을 위해 관심을 가지고 특별히 돌봐야 한다. 우리는 사람들이 언제 연약해지는가를 잘 알아야 한다.

실수하고 실패할 때, 병들 때, 소중한 것을 상실했을 때, 거절당하고 버림받았을 때, 쓰러지고 넘어졌을 때 연약해진다. 또한 소원이 성취되는 것이 늦어질 때, 나이가 들어갈 때, 인간관계의 갈등이 심화될 때 연약해진다. 유혹에 넘어가고 죄를 짓게 될 때 연약해지는 것이다. 특히 학생들은 학교에서 왕따를 당하거나 성적이 떨어질 때 연약해진다. 실연을 당하거나 상대방에게 무시를 당해도 연약해진다.

우리는 베드로처럼 사탄의 공격을 받을 때 연약해지고, 비판을 받거나 비난을 받을 때 연약해진다. 가난이 심화되어도 연약해지고, 우울과 침체가 깊어질 때에도 어김없이 연약해진다. 하지만 바로 그 연약함 위에 성령님의 위로와 중보가 함께함을 기억해야 한다. 연약함이 우리를 부드럽게 하고, 유연하게 하며, 온유하게 하고, 하나님을 의지하게 하는 은총의 도구가 된다.

성령님과 함께 연약한 학생들을 위해 기도하자. 연약한 바울의 몸에 그리스도의 능력이 임한 것처럼, 그들에게 그리스도의 능력이 임하도록 기도해야 한다.

> ✎ 당신은 하루에 얼마나 기도하는가? 그 기도하는 시간 중 가르침을 위한 기도와 학생들을 위한 기도는 얼마나 되는지 적어보라. 특히 연약한 학생들을 위해 중보기도를 시작해보라.

우리에게 기도가 필요한 이유는, 우리의 변화와 성숙을 막는 세력이 존재하고 있기 때문이다. 그 세력은 사탄의 세력인데, 사탄은 늘 우리의 배후에서 우리가 성장하지 못하도록 막는다. 때문에 우리는 이 세력을 막고, 진리가 강하게 역사하도록 기도해야 한다. 예수님께서는 제자 베드로를 위해 기도하셨다.

"시몬아, 시몬아, 보라 사탄이 너희를 밀 까부르듯 하려고 요구하였으나 그러나 내가 너를 위하여 네 믿음이 떨어지지 않기를 기도하였노니 너는 돌이킨 후에 네 형제를 굳게 하라"(누가복음 22:31~32)

사탄을 이기는 길은 기도뿐이다. 우리가 기도할 때 사탄은 힘을 쓰지 못한다. 왜냐하면 우리가 기도할 때 성령님은 우리의 가르침에 기름을 부어주시고, 하나님의 말씀이 학생들의 가슴속에 깊이 뿌리를 내리게 해 주시기 때문이다.

"끝으로 형제들아 너희는 우리를 위하여 기도하기를 주의 말씀이 너희 가운데서와 같이 퍼져 나가 영광스럽게 되고"(데살로니가후서 3:1)

기도가 필요하다고 생각하는가? 왜 필요한 지 그 이유를 적어보라.

우리는 모든 일에 최선을 다해야 한다. 그러나 무엇보다 기도해야 한다. 특히 가르침을 위해 준비하는 과정에서 기도를 많이 해야 한다. 하나님의 말씀을 준비하면서 성령님의 도우심을 받아야 하기 때문이다.

설교자들이 할 수 있는 모든 능력은 그들이 사람들을 위해 하나님께 기도할 수 있는 능력으로 평가된다. 골방에서 밭을 갈지 않는 자는 강단에서 결코 수확을 거둘 수 없을 것이다. _E. M. 바운즈

그대는 기도 후에 기도하는 일보다 더 큰 일을 할 수 있다. 그러나 기도하기까지는 결코 기도하는 일보다 더 큰 일을 할 수 없다. _A. J. 고든

> 오늘부터 말씀을 준비하는 과정에서, 학생들을 위해 얼마나 기도할지 계획해보라.

09 성령님은 교사와 학생들에게 하나님의 꿈을 꾸도록 도와주신다

성령님은 교사와 학생들로 하여금 꿈을 꾸게 하신다. 성령이 충만한 사람의 특징은 꿈을 꾸는 것으로 나타난다. 즉, 성령 충만한 사람은 꿈꾸는 사람이라 할 수 있다.

꿈은 비전이다. 꿈은 거룩한 목적이고, 달성해야 할 목표이다. 때문에 꿈은 미래 지향적이다. 꿈은 현재에 안주하지 않고, 우리로 하여금 미래를 향해 나아가게 한다. 꿈꾸는 사람은 그 꿈이 있기에 모든 어려움을 견딜 수 있다. 과거를 과감히 떠나 미래를 준비한다. 때문에 꿈꾸는 사람은 현실에 안주하지 않는다. 꿈꾸는 사람은 도전하고, 모험하며, 미지의 세계를 향해 자신을 내어 던진다. 아브라함은 하나님께서 주신 꿈을 가슴에 품었을 때 갈 바를 알지 못한 채 떠났다(히브리서 11:8).

하나님께서 존귀하게 사용하신 사람들은 한결같이 꿈꾸는 사람들(비전의 사람들)이었다. 꿈을 꾼다는 것은 꿈을 주시는 하나님의 능력을 믿는다는 것을 의미한다. 꿈꾸게 하시는 하나님께서 꿈을 성취할 수 있는 능력까지 부여하신다는 사실을 믿는 것이다. 때문에 꿈꾸는 사람은 삶의 자세가 다르다. 결국 이 세상은 꿈꾸는 사람과 믿음의 사람이 움직인다고 해도 과언이 아니다.

> 성령님은 남녀노소 관계없이 모든 택한 백성에서 꿈을 꾸게 하신다. 지금 당신의 비전은 무엇인가? 솔직하게 적어보라.

성령의 충만을 받은 베드로의 설교 본문은 요엘서였다. 그는 요엘서를 통해 하나님이 성령님을 부어주심으로 어린이들은 예언을, 젊은이들은 환상을, 어른들은 꿈을 꾸게 된다고 선포했다.

> "하나님이 말씀하시기를 말세에 내가 내 영을 모든 육체에 부어 주리니 너희의 자녀들은 예언할 것이요 너희의 젊은이들은 환상을 보고 너희의 늙은이들은 꿈을 꾸리라"(사도행전 2:17)

요셉은 꿈꾸는 사람이었다. 또한 성령이 충만한 사람이었다. 하나님께서는 성령이 충만한 요셉을 통해 장래 일을 알게 하셨다. 그리고 미래를 준비하게 하셨다.

> "그러나 진리의 성령이 오시면 그가 너희를 모든 진리 가운데로 인도하시리니 그가 스스로 말하지 않고 오직 들은 것을 말하며 장래 일을 너희에게 알리시리라" (요한복음 16:13)

성령님이 하시는 일은 장래 일을 알려 주시는 것이다. 하지만 모든 것을 한꺼번에 알려주지는 않으신다. 성령님은 비전을 주시되 한 걸음씩 인도해 주신다.

교사는 학생들이 성령의 충만함을 받도록 기도해야 한다. 성령의 충만함을 갈망하도록 도와야 한다. 성령의 충만함을 경험하게 되면, 학생들은 꿈을 꾸게 되고 비전을 갖게 된다. 꿈과 비전은 그들이 살아야 할 이유이다. 하나님께서 그들에게 주신 사명인 것이다.

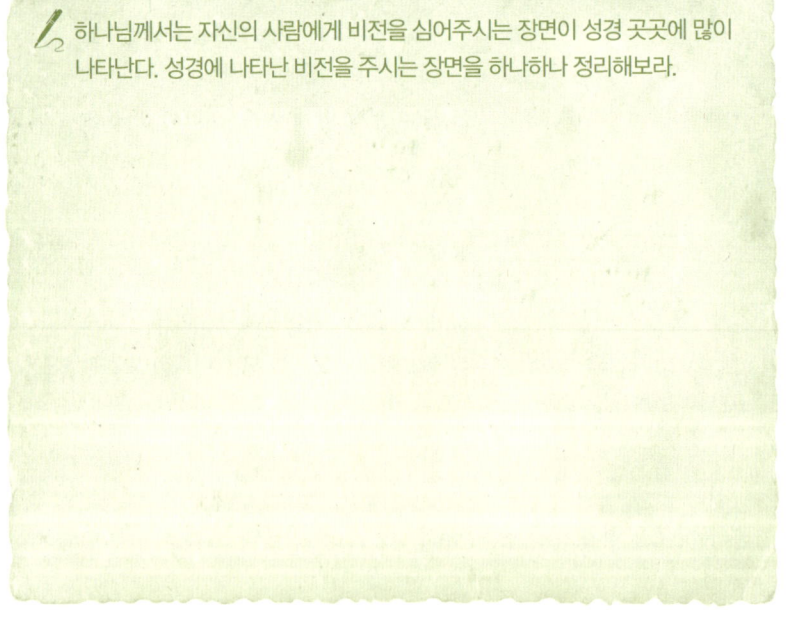

하나님께서는 자신의 사람에게 비전을 심어주시는 장면이 성경 곳곳에 많이 나타난다. 성경에 나타난 비전을 주시는 장면을 하나하나 정리해보라.

성령님은 꿈을 꾸게 하실 뿐만 아니라 꿈꾸는 사람을 키우신다. 고난과 만남과 교육을 통해 꿈꾸는 사람을 키우신다. 성령님은 꿈을 통해 그들을 거룩하게 하시고, 의욕을 상실한 학생들에게는 의욕을 불어넣어 주시며, 고통을 이겨낼 힘을 주신다. 또한 공부해야 할 이유를 발견하게 해 주신다. 그래서 꿈을 꾸기 시작하면 학생들은 눈빛이 달라지고, 걸음걸이가 달라지게 되는 것이다. 죄를 멀리하고 유혹을 물리칠 수 있는 힘을 얻게 된다. 하나님께서 주신 꿈을 꾸면, 그 꿈이 우리를 만들어가기 때문이다. 꿈은 우리를 변화시키는 거룩한 은총의 도구이다. 꿈은 씨앗과 같아서 우리 안에 들어오면 점점 더 커진다. 때문에 교사와 학생은 성령 충만을 통해 꿈꾸는 자가 되어야 한다.

> 당신의 학생들은 어떤 비전을 가지고 있는지 적어보라. 혹 학생들 중 비전이 없는 자가 있다면, 그들이 어떻게 비전을 찾을 수 있도록 도와줄지 생각해보고 실천해보라.

성령님은 교사에게 필요한 모든 것을 공급해 주신다

성령님은 교사가 학생들을 가르치는 데 필요한 모든 것을 공급해 주신다. 인생의 문제는 공급의 문제이다. 공급이 있어야 나눔이 있다. 무엇보다 지속적인 공급을 받는 것이 중요하다. 그래야 지속적으로 나눌 수 있기 때문이다. 교사는 생산업이 아니라 유통업에 종사하는 사람이라 볼 수 있다. 제조업이 아니라 분배업에 종사하는 사람인 것이다.

> 예수께 필요했던 것은 제조자로서의 제자가 아니라 분배자로서의 제자였다. 예수께서는 소년의 도시락을 취하여 하늘을 우러러 축사하시고 그것을 떼어 제자들에게 주시며 배고픈 무리에게 나누어 주라고 하셨다.
> _워렌 위어스비 저, 『하나님의 종이 되는 일에 관하여』(생명의말씀사) 10쪽

교사란 하나님께서 주신 것을 받아 나누는 사람이다. 예수님께서는 제자들에게 자신이 그들에게 가르쳐준 것을 나누라고 명하셨다. 제자들의 생각이나 아이디어가 아니라 예수님이 가르쳐준 모든 것을 나누라고 명하셨다.

"내가 너희에게 분부한 모든 것을 가르쳐 지키게 하라 볼지어다"(마태복음 28:20a)

교사는 먼저 받아야 한다. 그리고 나눠야 한다. 제자들은 예수님의 충만한 데서 받았다. 그리고 나눴다.

"우리가 다 그의 충만한 데서 받으니 은혜 위에 은혜러라"(요한복음 1:16)

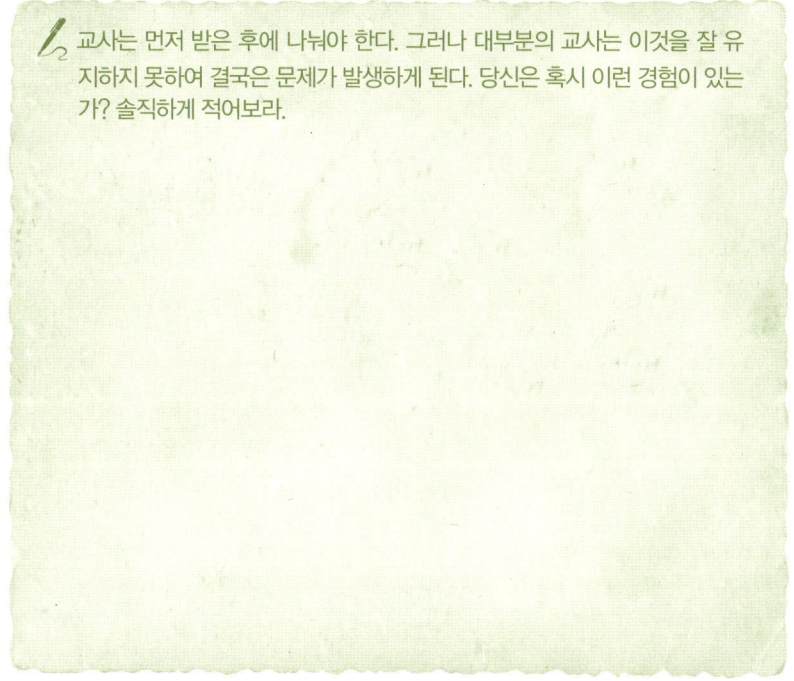

성경은 예수님 위에 성령님이 임하셨다고 말씀한다. 예수님은 성령님과 함께 시작해서 성령님과 함께 모든 사역을 이루셨다. 예수님은 제자들에게 성령 충만을 받기 전까지는 예루살렘을 떠나지 말라고 명하셨다. 받기 전에는 나누어 줄 수 없기 때문이다. 먼저 성령 충만을 받은 후에 예수님을 증거하라고 명하신 것이다. 왜냐하면 성령님은 우리가 필요한 모든 것을 공급해 주시기 때문이다.

> "그의 위에 여호와의 영 곧 지혜와 총명의 영이요 모략과 재능의 영이요 지식과 여호와를 경외하는 영이 강림하시리니"(이사야 11:2)

지금 당신이 성령님께 가장 공급받고 싶은 것은 무엇인가? 공급받기 위해 어떻게 해야 할지 적어보라.

첫째, 성령님은 지혜를 주신다.

성령님은 지혜의 영이시다. 성경은 지혜를 강조하는데, 하나님께서 귀히 쓰신 인물들에게는 지혜의 영을 부어주신 것을 우리는 쉽게 볼 수 있다. 지혜 없이는 사명을 감당할 수 없기 때문이다.

요셉은 지혜의 사람이었다. 그는 성령님이 부어주시는 지혜로 만민의 생명을 살릴 수 있었다. 우리는 요셉을 통해 다각적으로 지혜를 배울 수 있다. 먼저, 지혜는 적응능력이다. 요셉은 애굽에 종으로 팔려갔지만 잘 적응했다. 둘째, 지혜는 미래를 준비하는 능력이다. 요셉은 늘 미래를 준비했고, 또한 바로에게 미래를 준비하도록 권면했다. 이처럼 지혜로운 사람은 미래를 준비하는 사람이다. 교사 또한 미리 가르칠 것을 준비해야 한다. 성령님은 미리 준비하는 교사에게 놀라운 영감과 지혜를 더해 주신다. 셋째, 지혜는 분별력이다. 분별력이 있어야 선택을 잘할 수 있다. 넷째, 지혜는 과업을 성취하는 능력이다. 다섯째, 지혜는 용서하는 능력이다. 요셉은 용서할 줄 알았다. 여섯째, 지혜는 하나님의 섭리로 사건을 해석하는 능력이다. 요셉은 모든 고난을 하나님의 섭리로 보았다. 일곱째, 지혜는 거룩한 목적에 집중하는 능력이다. 요셉의 목적은 국무총리가 되는 것이 아니었다. 그의 궁극적 목적은 만민의 생명을 살리는 것이었다(창세기 50:20).

"바로가 그의 신하들에게 이르되 이와 같이 하나님의 영에 감동된 사람을 우리가 어찌 찾을 수 있으리요 하고 요셉에게 이르되 하나님이 이 모든 것을 네게 보이셨으니 너와 같이 명철하고 지혜 있는 자가 없도다"(창세기 41:38~39)

마지막으로, 지혜의 근본은 하나님을 경외하는 것이다. 지혜는 늘 근본을 추구하고, 본질을 추구한다. 근원을 살피고 원천에 머물 줄 안다.

"여호와를 경외하는 것이 지혜의 근본이요 거룩하신 자를 아는 것이 명철이니라"(잠언 9:10)

우리는 예수님의 어린 시절을 통해 키와 함께 지혜가 자라는 모습을 볼 수 있다. 그리고 예수님의 지혜가 자람에 따라 하나님과 사람에게 더욱 사랑스러워 가시는 것을 성경을 통해 볼 수 있다.

"예수는 지혜와 키가 자라가며 하나님과 사람에게 더욱 사랑스러워 가시더라"(누가복음 2:52)

예수님께서는 지혜는 배운 것을 실천함에 있다고 가르치셨다. 배우고 실천하지 않는다면, 그는 지혜로운 사람이라고 할 수 없다.

"그러므로 누구든지 나의 이 말을 듣고 행하는 자는 그 집을 반석 위에 지은 지혜로운 사람 같으리니"(마태복음 7:24)

우리는 지혜에 장성한 자가 되도록 힘써야 한다. 지혜는 자라기도 하고, 충만해지기도 한다.

"형제들아 지혜에는 아이가 되지 말고 악에는 어린 아이가 되라 지혜에는 장성한 사람이 되라"(고린도전서 14:20)

또한 지혜를 얻기 위해 기도해야 한다. 우리는 지혜로운 자와 동행함으로 지혜를 얻을 수 있다.

"너희 중에 누구든지 지혜가 부족하거든 모든 사람에게 후히 주시고 꾸짖지 아니하시는 하나님께 구하라 그리하면 주시리라"(야고보서 1:5)

"지혜로운 자와 동행하면 지혜를 얻고 미련한 자와 사귀면 해를 받느니라"(잠언 13:20)

교사는 바울처럼 학생들에게 예수님을 전하고, 예수님의 각종 지혜를 가르쳐야 한다.

"우리가 그를 전파하여 각 사람을 권하고 모든 지혜로 각 사람을 가르침은 각 사람을 그리스도 안에서 완전한 자로 세우려 함이니"(골로새서 1:28)

성령이 주시는 지혜와 능력 안에서 말씀을 가르치는 것은 선생 중의 선생이신 예수님과 함께하는 위대한 모험이다. _루이스 E. 레바

> 지금까지 배운 '성령님이 주시는 지혜'에 대해 정리해보라. 더불어 당신은 성령님께 받은 지혜를 학생들에게 어떻게 적용할지 적어보라.

둘째, 성령님은 총명을 주신다.

성령님은 총명의 영이시다. 총명이란 이해·통찰·분별·예리함의 뜻으로, 지성을 겸비한 판단력을 의미한다. 총명은 지혜가 뛰어나다는 뜻을 포함하기도 하는데, 그래서인지 지혜와 총명은 늘 동행한다.

총명하다는 것은, 사리(事理)를 바르게 판단해서 주어진 일을 잘 처리하는 것을 말한다. 또한 사리란 일의 이치나 사물의 이치를 뜻한다. 즉, 총명은 문제의 핵심을 꿰뚫어보는 능력을 의미한다. 사람이 총명하면 문제를 잘 이해하고, 잘 풀게 된다.

요셉과 다니엘은 총명한 사람이었다. 그들은 직면한 문제를 간파하고, 그 문제를 올바로 해석했다. 뿐만 아니라 문제를 잘 해결했다. 이처럼 총명하다는 것은 자신이 하는 일을 통해 하나님의 뜻을 이루어 가는 것이다.

총명은 깨달음인데, 성경은 이 깨달음을 아주 중요하게 생각한다. 깨닫는다는 것은 이해한다는 뜻인데, 이해하지 못하면 답답하다. 반면에 이해하면 유쾌해진다. '아하!'라는 탄성이 나오고, 고개가 끄덕여지는 순간이 바로 깨달음의 순간이다.

깨달음의 순간은 인생의 이치가 깨달아지는 순간인데, 이는 자신에 대한 이해가 깊어지는 순간이다. 곧 자아 발견의 통찰력을 얻게 되는 순간인 것이다. 또한 사람에 대한 이해가 깊어지는 순간이기도 하다. 무엇보다 하나님에 대한 이해가 깊어지는 순간이다.

우리는 깨달음을 얻기 위해 성령님을 의지해야 한다. 교사가 먼저 깨달아야 깨우칠 수 있다. 깨달음을 얻기 위해서는 겸손해야 한다. 자신의 명철을 의지해서는 안 된다. 교사는 늘 성령님을 통해 총명 얻기를 간구해야 한다.

"내게 가르치며 내게 말하여 이르되 다니엘아 내가 이제 네게 지혜와 총명을 주려고 왔느니라"(다니엘 9:22)

"너희 중에 지혜와 총명이 있는 자가 누구냐 그는 선행으로 말미암아 지혜의 온유함으로 그 행함을 보일지니라 그러나 너희 마음 속에 독한 시기와 다툼이 있으면 자랑하지 말라 진리를 거슬러 거짓말하지 말라"(야고보서 3:13~14)

"너는 마음을 다하여 여호와를 신뢰하고 네 명철을 의지하지 말라 너는 범사에 그를 인정하라 그리하면 네 길을 지도하시리라"(잠언 3:5~6)

지혜와 총명함은 어떻게 다른가?

셋째, 성령님은 모략을 주신다.

성령님은 모략의 영이시다. 모략을 주시는 영이시다. 모략(謀略)이라는 단어에 대한 우리의 선입견은 부정적이다. 왜냐하면 모략을 꾸민다는 말은 좋은 의미에서 잘 쓰이지 않고 나쁜 의미에서 쓰이기 때문이다. 그래서 모략이라는 말을 사전에 찾아보았다.

- 모략(謀略): 계책이나 책략, 사실을 왜곡하거나 속임수를 써서 남을 해롭게 함, 또는 그런 일.
- 모략하다: 사실을 왜곡하거나 속임수를 써 남을 해롭게 하다.

_네이버 국어사전(krdic.naver.com)

모략과 비슷한 의미를 지닌 단어들로는 모사(謀事), 음모(陰謀), 모함(謀陷), 지략(智略)과 같은 단어가 있다. 주로 남을 해롭게 하기 위해 세우는 계획이나 지략과 관련이 되어 있다. 하지만 모략이란 단어가 성령님께 쓰이면 전혀 다른 의미를 갖게 된다.

모략에는 사탄의 모략이 있고, 사람의 모략이 있으며, 하나님의 모략이 있다. 성령님은 하나님의 모략을 베푸시는 분이다. 달라스 윌라드(Dallas Albert Willard) 교수는 '하나님의 모략'에 대해 다음과 같이 정의한다.

하나님의 모략(The Divine Conspiracy)은 인류 안에서 오랫동안 일해온 하나님 나라의 숨은 역사다. _달라스 윌라드 저, 『하나님의 모략』(복있는사람) 15쪽

구약 속에는 하나님의 숨은 역사가 담겨 있다. 하나님의 섭리의 비밀이 구

약 성경에 담겨 있다. 그 비밀은 하나님의 거룩한 모략이요, 거룩한 음모다. 그것이 예수님을 통해 밝히 드러났다.

> (하나님의 모략은) 신약의 복음서에 그것이 선포되고, 설명되어 있다. 그것은 예수님의 메시지였다. 실은 그것이 예수님 자신이다. 하나님의 모략의 동참자들은 하나님이 인간에게 주신 말씀과 성령 안에서 성자 예수님을 사모하며 그분의 감사하는 종으로 살아가는 이들이다.
> _달라스 윌라드 저, 『하나님의 모략』(복있는사람) 15쪽

하나님의 모략은 사탄의 모략과는 정반대다. 하나님의 모략은 사람을 살리고, 생명을 부여한다. 사람을 치유하며 회복시킨다. 이처럼 하나님의 모략은 구원의 드라마이다. 하나님의 모략은 인간의 근본적인 문제를 해결해 주는 지혜로, 우리에게 정말 좋은 것이다. 예수님은 하나님의 모략을 이루시는 모사가 되신다.

> "이는 한 아기가 우리에게 났고 한 아들을 우리에게 주신 바 되었는데 그의 어깨에는 정사를 메었고 그의 이름은 기묘자라, 모사라, 전능하신 하나님이라, 영존하시는 아버지라, 평강의 왕이라 할 것임이라"(이사야 9:6)

> "지략이 없으면 백성이 망하여도 지략이 많으면 평안을 누리느니라"(잠언 11:14)

우리는 예수님처럼 성령 충만한 모사가 되어야 한다. 모략이 없으면 분별력도 없다. 우리는 성령 충만한 모사가 되어 사람들을 살리는 거룩한 모략을 베풀어야 한다. 나아가 그 성스러운 모략을 학생들에게 가르쳐야 한다.

> "그들은 모략이 없는 민족이라 그들 중에 분별력이 없도다"(신명기 32:28)

하나님의 모략에 대해 정리해보라. 당신에게는 하나님의 모략이 있는가?

넷째, 성령님은 재능을 주신다.

성령님은 재능의 영이시다. 모략과 재능은 연결되어 있다. 모략은 영적인 충고다. 모략은 문제를 예견하고, 그 문제를 해결할 수 있도록 도와주는 묘책이다. 곧 문제의 해결책을 의미한다. 하지만 아무리 전쟁에서 이기는 전략을 알려주고 문제의 해결책을 제시한다 할지라도, 그것을 실행에 옮길 수 있는 능력이 없다면 그 모략은 쓸모가 없게 된다. 이처럼 재능은 모략을 실행에 옮길 수 있도록 하는 능력을 의미한다. 모략을 설계하는 능력에 비한다면, 재능은 설계도면대로 건축하는 능력에 비할 수 있다. 모략은 조직력이요, 재능은 수행능력이다. 모략은 세우는 것이요, 재능은 행하는 것이다. 모략이 원리를 세우는 능력이라면, 재능은 그 원리를 적용하는 능력인 것이다.

인생의 문제는 지혜와 능력의 문제이다. 때문에 지혜만 가지고는 안 된다. 능력도 필요하다. 그 능력 속에는 재능이 담겨 있는데, 이 재능은 '달란트'라고 말할 수 있다. 특별한 재주라고 말할 수 있으며, 일을 처리하는 데 필요한 기술을 의미하기도 한다. 성령님은 어떤 일을 잘할 수 있는 재능을 부여해 주심으로 맡은 일을 성취하게 하신다. 신약 성경에서 강조하는 것이 바로 성령님의 은사인데, 하나님께서는 재능과 은사를 통해 사명을 감당하게 하신다.

 성령님은 능력을 부어 주심으로 사명을 완수하게 하신다.

"이르시되 무슨 일이냐 이르되 나사렛 예수의 일이니 그는 하나님과 모든 백성 앞에서 말과 일에 능하신 선지자이거늘"(누가복음 24:19)

"하나님이 나사렛 예수에게 성령과 능력을 기름 붓듯 하셨으매 그가 두루 다니시며 선한 일을 행하시고 마귀에게 눌린 모든 사람을 고치셨으니 이는 하나님이 함께 하셨음이라"(사도행전 10:38)

 성령님은 재능을 부어 주심으로 사명을 완수하게 하신다.

"하나님이 이 네 소년에게 학문을 주시고 모든 서적을 깨닫게 하시고 지혜를 주셨으니 다니엘은 또 모든 환상과 꿈을 깨달아 알더라"(다니엘 1:17)

모든 사람에게는 천직이 있다. 천직을 찾는 데 가장 중요한 역할을 하는 것이 재능이고, 재능은 사명이다. _에머슨(Emerson)

🍃 성령님이 주신 재능을 발견하고, 계발한 후에 사용하라.

자기 일을 발견한 사람은 복이 있다. 그는 다른 복을 구하지 말라.

_토머스 칼라일

🍃 하나님께 재능을 사용할 수 있는 기회를 주시도록 기도하라.

"또 그의 종 다윗을 택하시되 양의 우리에서 취하시며 젖 양을 지키는 중에서 그들을 이끌어 내사 그의 백성인 야곱, 그의 소유인 이스라엘을 기르게 하셨더니 이에 그가 그들을 자기 마음의 완전함으로 기르고 그의 손의 능숙함으로 그들을 지도하였도다"(시편 78:70~72)

재능은 삶의 기술이요, 공교함이다. 어떤 일을 처리할 때 잘 처리할 수 있게 할 뿐만 아니라 공교하게 처리할 수 있게 한다. 하나님께서는 인간 모두에게 재능을 주셨다. 그런데 성령님이 임하시면 특별한 재능을 받게 된다. 특별한 재능을 받을 뿐만 아니라 그 재능을 발견하고 계발하게 된다. 또한 성령님께서 재능을 사용할 수 있는 기회를 주신다.

당신의 재능과 세상의 필요가 교차되는 그곳에 당신의 사명이 있다.

_아리스토텔레스

✎ 당신에게는 어떠한 재능이 있는가? 그것을 어떻게 활용하고 있는지, 혹 앞으로 어떻게 활용할 것인지 적어보라.

다섯째, 성령님은 지식을 주신다:

성령님은 지식의 영이시다. 지식을 주시는 영이다. 지식은 앎이다. 참된 지식은 경험적으로 아는 것이다. 성령님은 어디에 지식이 있고, 누구에게 지식이 있으며, 어떤 지식이 좋은 지식이고 어떤 지식이 나쁜 지식인가를 분별하도록 도와주신다. 예수님 안에 지식과 지혜의 모든 보화가 감춰져 있다.

"그 안에는 지혜와 지식의 모든 보화가 감추어져 있느니라"(골로새서 2:3)

성령님은 지식이 얼마나 중요한가를 깨우쳐 주신다. 그리고 배운 지식을 적용할 수 있도록 도와주신다. 성령님은 지식을 어떻게 얻을 수 있는가를 알려 주시고, 지식을 실천할 수 있도록 도와주신다. 성경은 지식이 없으면 망한다고 말씀한다. 이처럼 지식은 생명과 같다.

"내 백성이 지식이 없으므로 망하는도다 네가 지식을 버렸으니 나도 너를 버려 내 제사장이 되지 못하게 할 것이요 네가 네 하나님의 율법을 잊었으니 나도 네 자녀들을 잊어버리리라"(호세아 4:6)

"의인의 입술은 여러 사람을 교육하나 미련한 자는 지식이 없어 죽느니라"(잠언 10:21)

"내가 또 내 마음에 합한 목자들을 너희에게 주리니 그들이 지식과 명철로 너희를 양육하리라"(예레미야 3:15)

지식과 지혜는 함께 역사한다. 지혜란 지식을 활용하는 능력으로, 지혜가 있어야 지식을 활용할 수 있다. 그렇다고 지식을 무시해서는 안 된다. 무지는 어두움이요, 지식은 빛과 같기 때문이다. 지식은 정보와 지혜를 연결시키는 다리 역할을 한다. 우리는 지식을 학습을 통해, 책을 통해, 자연을 관찰하는 중에 얻을 수 있다. 또한 이미 소유하고 있는 지식을 적용하고 활용하며 연결하여 발전시켜 더 많은 지식을 얻을 수도 있다. 때로는 지식을 나누어 줌으로 지식이 더욱 풍성해지는 것을 경험하게 된다. 하나님은 지식을 통해 우리 삶을 풍성하게 하신다.

"또 방들은 지식으로 말미암아 각종 귀하고 아름다운 보배로 채우게 되느니라"(잠언 24:4)

> 지혜는 지식을 활용하는 능력이다. 지식이 많아도 지혜가 없으면 소용이 없는 것이다. 그렇다고 지식을 무시해서도 안 된다. 지식과 지혜의 상관관계를 정리해보라.

여섯째, 성령님은 하나님을 경외할 수 있도록 도와주신다.

성령님은 하나님을 경외하는 영이시다. 성령의 충만함을 받은 사람은 하나님을 경외하게 된다. 성령님은 하나님을 경외하는 마음을 우리 안에 심어주시고, 하나님을 경외하는 법을 우리에게 가르쳐 주신다. 하나님을 경외하는 자를 위해 예비하신 차고 넘치는 은혜를 받아 누리게 하신다. 여호와를 경외하는 것이 바로 지식과 지혜의 근본이다.

"여호와를 경외하는 것이 지식의 근본이거늘 미련한 자는 지혜와 훈계를 멸시하느니라"(잠언 1:7)

"여호와를 경외하는 것이 지혜의 근본이요 거룩하신 자를 아는 것이 명철이니라"(잠언 9:10).

이사야 선지자는 하나님을 경외하는 것이 보배라고 말씀한다. 여호와를 경외함이 평강과 구원과 지혜와 지식의 창고를 여는 열쇠이다. 하나님의 그 어떤 축복도, 하나님을 경외함으로 받는 축복과는 비교할 수 없다. 성경은 하나님께서 자신을 경외하는 자를 위해 가장 풍성하고 아름다우며 차원 높은 복을 예비하셨다고 말씀한다.

"네 시대에 평안함이 있으며 구원과 지혜와 지식이 풍성할 것이니 여호와를 경외함이 네 보배니라"(이사야 33:6).

"겸손과 여호와를 경외함의 보상은 재물과 영광과 생명이니라"(잠언 22:4).

하나님을 경외한다는 것은, 하나님을 존귀히 여긴다는 뜻이다. 경외함이란 존중하는 마음으로 하나님을 사랑하는 것이다. 때문에 하나님을 경외하는 사람은 하나님의 이름을, 하나님의 말씀을 경외한다. 이처럼 하나님을 경외하게 되면 하나님과 친밀한 관계 속으로 들어가게 되어 하나님의 아낌을 받는다(시편 25:14).

"그 때에 여호와를 경외하는 자들이 피차에 말하매 여호와께서 그것을 분명히 들으시고 여호와를 경외하는 자와 그 이름을 존중히 여기는 자를 위하여 여호와 앞에 있는 기념책에 기록하셨느니라 만군의 여호와가 이르노라 나는 내가 정한 날에 그들을 나의 특별한 소유로 삼을 것이요 또 사람이 자기를 섬기는 아들을 아낌 같이 내가 그들을 아끼리니"(말라기 3:16~17).

✎ 하나님을 믿는 것, 나아가 하나님을 경외하는 것도 성령님의 영역이다. 당신은 이 사실에 동의하는가? 그 이유는 무엇인가?

일곱째, 성령님은 그리스도의 인격을 닮도록 도와주신다.

성령님은 말씀과 보혈을 통해 우리를 거듭나게 하신다(요한복음 3:5; 베드로전서 1:18~19, 23). 또한 성령님은 말씀과 고난을 통해 우리를 거룩하게 하신다. 이처럼 성령님은 거룩의 영이시다. 거룩을 추구하게 하시고, 거룩을 갈망하게 하시는 영이시다. 거룩처럼 아름답고, 유쾌한 것은 없다. 거룩처럼 영화롭고, 영원한 기쁨을 주는 것도 없다. 거룩은 성스러운 기쁨이요, 천국의 즐거움이다. 거룩처럼 우리를 행복하게 하는 것은 없다. 때문에 거룩을 추구하면 행복은 저절로 따라온다.

성령님은 우리 안에서 지속적으로 역사하심으로 우리를 점점 더 거룩하게 하신다. 또한 성령님은 예수님을 바라보게 하심으로 영화에 이르게 하신다. 성령 충만하게 되면, 예수님을 바라보게 된다. 예수님의 영광을 바라보게 된다. 그런 과정을 통해 우리는 예수님의 형상을 닮게 된다.

우리는 늘 바라보는 대상을 닮게 된다. 늘 가까이하는 대상을 닮게 된다. 늘 교제하는 대상을 닮게 된다. 이와 같이 우리는 예수님을 바라보고, 그분과 가까이하며, 그분과 친밀한 교제를 나누게 될 때 닮게 된다. 성령님 안에서 중생, 성화, 그리고 영화에 이르는 과정이 우리가 받은 구원을 이루는 과정이다(빌립보서 2:12). 예수님의 형상을 닮는다는 것은, 예수님의 성품을 닮는다는 것을 의미한다.

> "우리가 다 수건을 벗은 얼굴로 거울을 보는 것 같이 주의 영광을 보매 그와 같은 형상으로 변화하여 영광에서 영광에 이르니 곧 주의 영으로 말미암음이니라"(고린도후서 3:18)

성경을 가르치는 선생은 하나님의 은혜의 통로이며, 씨를 뿌리고 물을 주는 도구이다. 자라게 하시는 이는 하나님이시다(고린도전서 3:6). 기독교 교육의 영적으로 결실을 잘 맺는 것은 궁극적으로 성령에 달려 있다.

_Zuck, Roy B., 『Spirit Filled Teaching』(W Publishing Group)

> 당신은 예수님의 형상을 닮기 위해, 그분의 성품을 닮기 위해 매일 무엇을 하는가? 다시 말해, 성령 충만하기 위해 무엇을 하는가?

✎ 변화는 우리의 일이 아니다. 성령님의 일이다. 교사로서 당신은 매 순간 성령 충만하기 위해 어떻게 살아갈지 적어보라. 나아가 학생들에게 우리의 진짜 교사 되신 성령님을 어떻게 소개하고 만나게 해줄 수 있을지 적어보라.

01 성경적 학습 혁명을 통해 **글로벌 마인드**를 갖자

02 성경적 학습 혁명을 통해 **평생 학습자**가 되자

03 성경적 학습 혁명을 통해 **하나님 안에서 건전한 자신감**을 갖자

04 성경적 학습 혁명은 **재능과 은사를 최대한 계발**하는 것이다

05 성경적 학습 혁명은 **학습의 유익을 깨닫는 것**이다

06 성경적 학습 혁명은 **자신의 학습 스타일을 발견**하는 것이다

07 성경적 학습 혁명은 **의식과 잠재의식의 세계를 총체적으로 활용**하는 것이다

08 성경적 학습 혁명은 **창의력을 극대화**하는 것이다

09 성경적 학습 혁명은 **지식을 활용할 수 있는 원리를 터득하는 것**이다

10 성경적 학습 혁명은 **지혜형 인간**이 되는 것이다

11 성경적 학습 혁명은 **안식의 혁명**이다

12 성경적 학습 혁명은 **자신에게 맡겨진 일에 통달하는 경험**이다

13 성경적 학습 혁명은 **사랑의 혁명**이다

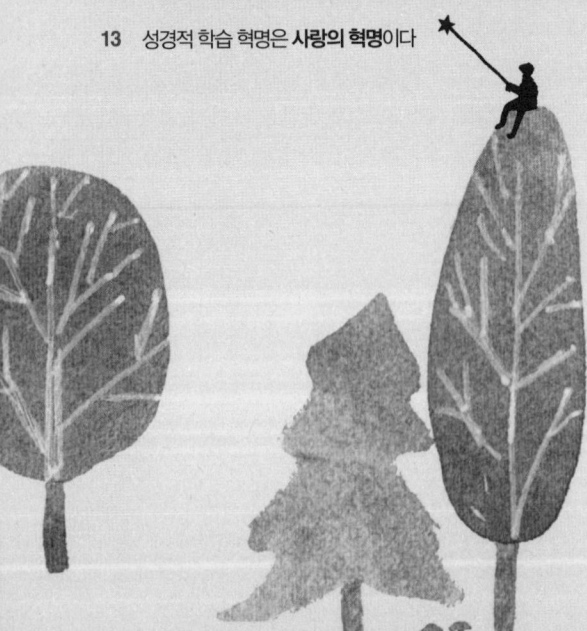

Part 4

글로벌 리더를 키우는 학습 혁명

21세기 문맹자는 글을 읽고 쓸 줄 모르는 사람이 아니라
학습하고 교정하고 재학습하는 능력이 없는 사람이다.
- 엘빈 토플러(Alvin Toffler) -

> 급변하는 시대에 미래를 물려받을 자는 계속해서 배우는 사람들이다. 배움을 중단한 사람들은 자신들이 사라져 버린 세상, 즉 과거에 적합하도록 만들어져 있다는 것을 말한다.
> _에릭 호퍼(Eric Hoffer)

예수님께서는 제자들에게 하나님 나라를 선포하셨고, 천국에 대해 가르치셨다. 예수님께서는 제자들에게 킹덤 마인드를 갖게 하신 것이다. 천국의 가치관을 갖게 하셨다.

예수님께서는 하나님의 나라가 그들의 삶 속에 이루어지도록 가르치셨다. 또한 예수님께서는 제자들에게 글로벌 마인드를 심어주셨다. 예수님은 제자들이 하나님 나라를 선포하는 지도자가 되길 원하셨다. 또한 모든 민족을 제자로 삼는 글로벌 리더가 되길 원하셨다.

> "그러므로 너희는 가서 모든 민족을 제자로 삼아 아버지와 아들과 성령의 이름으로 세례를 베풀고 내가 너희에게 분부한 모든 것을 가르쳐 지키게 하라 볼지어다 내가 세상 끝날까지 너희와 항상 함께 있으리라 하시니라"(마태복음 28:19~20)

교사는 학생들을 지도할 때 천국 인재로 키우는 비전과 글로벌 리더로 키우는 비전을 가져야 한다. 학생들을 글로벌 리더로 키우기 위해서는, 먼저 교사가 성경적인 글로벌 마인드를 가져야 한다.

교사는 가르치기 전에 먼저 학습하는 사람이어야 한다. 학습이란 배우고 익히는 것인데, 잘 배우는 자가 탁월한 교사가 될 수 있다. 잘 배우고, 올바로 배워야 잘 가르칠 수 있는 것이다. 나아가 배운 것을 가르치고 전수함으로, 더욱 깊게 배울 수 있다.

✎ 당신은 교사로서 어떤 노력들을 하고 있는가? 배우는 자리에 열심히 참석하는 편인가? 혹여나 오랜 교사 생활로 인해 매년 반복되는 가르침을 다 안다고 생각하여 교사 준비 모임이나 교사 교육 시간에 빠지지는 않는지 돌아보라.

_____
_____
_____
_____
_____

글로벌 리더를 키우려면 학습 혁명을 시도해야 한다. 리더는 시대의 흐름을 읽을 줄 아는 사람이다. 시대의 흐름을 읽는다는 것은 현실을 직시하면서 동시에 미래를 전망하는 것이다. 지금은 지식혁명 시대이다. 미래는 지혜혁명 시대가 올 것이다. 지혜혁명 시대가 다가올수록 지식은 더욱 가치를 발휘하게 된다. 지혜란 지식을 활용하는 능력이기 때문이다.

지식을 활용하는 능력을 배양하기 위해서는 이전과는 다른 학습을 해야 한다. 지식혁명 시대를 살고 있는 우리는 지식이 자본임을 알아야 하는데, 이때 가장 중요한 것이 바로 학습 혁명이다. 학습 혁명이란 평생 학습을 통해 성장하는 것을 의미한다. 여기에는 재학습하는 능력도 포함된다.

미래는 끊임없이 재교육을 받을 수 있는 사람들의 것이다.

_다니엘 번즈(Danielle Byrnes)

최근 내가 가장 강조하는 것은 평생 학습자가 되는 것과 학습 공동체를 형성하는 것이다. 평생 학습자가 되지 않으면 생존하기가 힘든 시대이다. 또한 학습 공동체를 형성하지 않는 기업은 장수하기가 어렵다. 평생 학습자가 되는 것과 학습 공동체를 형성하는 것은 새로운 아이디어가 아니다. 성경적인 아이디어이다. 때문에 우리는 성경의 역사와 인물을 통해 미래의 흐름을 읽을 수가 있다.

요셉이 애굽에 내려갔을 때, 그는 학력이 있었던 것이 아니었다. 그는 애굽에 종으로 팔려갔다. 하지만 그는 탁월한 학습 능력으로 애굽의 언어와 문화를 익혔다. 나아가 애굽의 정치를 깨우침으로, 그는 당시 애굽의 국무총리가 될 수 있었다. 글로벌 리더가 되어 만민의 생명을 살릴 수 있었던 것이다.

요셉은 당시 직면한 경제 문제를 해결하였다. 그는 현장을 파악하기 위해 애굽 전역을 돌아보았다. 뿐만 아니라 타문화에 적응하고, 그것을 이용함으로 하나님의 뜻을 이루었다. 또한 요셉은 애굽 여인과 결혼해 두 아들을 낳고, 다문화 가족을 형성했던 인물이다.

✎ 성경의 인물 중 요셉이 바로 21세기형 리더의 모델이 아닐까 생각한다. 성경에서 요셉이라는 인물에 대해 찾아서 읽고 분석해보라.

성경적 학습 혁명을 통해 글로벌 마인드를 갖자

글로벌 리더를 키우는 학습 혁명은 성경적 학습 원리로 돌아가는 것을 의미한다. 우리는 거듭 성경으로 돌아가야 한다. 하나님의 학습 원리로 돌아가야 한다. 하나님께서 어떻게 애굽에서 종살이했던 히브리 민족을 위대한 민족으로 변화시키셨는지를 배워야 한다. 하나님께서는 학습 혁명을 통해 히브리 노예들을 세계에서 가장 뛰어난 민족으로 키우셨다.

교사가 글로벌 리더가 되고, 또한 교사가 학생들을 글로벌 리더로 키우기 위해서는 먼저 글로벌 마인드를 갖도록 해야 한다. 하나님께서는 이스라엘 백성을 세계적인 민족으로 키우기 위해 글로벌 마인드를 갖게 하셨다. 하나님께서 아브라함을 선택하셨을 때 심어주신 것이 바로 글로벌 마인드였다. "모든 족속"이 그를 통해 복을 받을 것이라는 말씀이다.

"내가 너로 큰 민족을 이루고 네게 복을 주어 네 이름을 창대하게 하리니 너는 복이 될지라 너를 축복하는 자에게는 내가 복을 내리고 너를 저주하는 자에게

는 내가 저주하리니 땅의 모든 족속이 너로 말미암아 복을 얻을 것이라 하신지
라"(창세기 12:2~3)

"또 네 씨로 말미암아 천하 만민이 복을 받으리니 이는 네가 나의 말을 준행하
였음이니라 하셨다 하니라"(창세기 22:18)

야곱에게 주신 말씀도 한결같이 글로벌 마인드를 심어주신 말씀이었다.

"네 자손이 땅의 티끌 같이 되어 네가 서쪽과 동쪽과 북쪽과 남쪽으로 퍼져나
갈지며 땅의 모든 족속이 너와 네 자손으로 말미암아 복을 받으리라"(창세기
28:14)

요셉이 꾼 꿈은 세계적인 꿈이었고, 우주적인 꿈이었다.

"요셉이 다시 꿈을 꾸고 그의 형들에게 말하여 이르되 내가 또 꿈을 꾼즉 해와
달과 열한 별이 내게 절하더이다 하니라"(창세기 37:9)

신명기에 나타난 축복도 세계적인 축복이었다.

"네가 네 하나님 여호와의 말씀을 삼가 듣고 내가 오늘 네게 명령하는 그의 모
든 명령을 지켜 행하면 네 하나님 여호와께서 너를 세계 모든 민족 위에 뛰어나
게 하실 것이라"(신명기 28:1)

하나님께서는 히브리 민족에게 글로벌 마인드를 심어주셨다. 먼저 그들에
게 세계적인 민족이 되는 자아상을 심어 주셨고, 그 후에 그들을 세계적인 민
족으로 키우셨다.

"세계가 다 내게 속하였나니 너희가 내 말을 잘 듣고 내 언약을 지키면 너희는 모든 민족 중에서 내 소유가 되겠고 너희가 내게 대하여 제사장 나라가 되며 거룩한 백성이 되리라 너는 이 말을 이스라엘 자손에게 전할지니라"(출애굽기 19:5~6)

> 당신은 글로벌 마인드가 있는 글로벌 리더인가? 어떤 면에서 글로벌 마인드를 가진 글로벌 리더라 생각하는가?

하나님께서 이스라엘 민족을 세계적인 민족으로 키우시기 위해 사용하신 방법은, 바로 고난과 학습이다. 하나님께서는 이스라엘 민족을 고난 속에 집어넣어 어떤 환경과 변화에도 적응할 수 있는 민족으로 만드셨다. 또한 어디를 가든지 생존할 수 있는 학습 능력을 배양시키심으로 세계적인 민족이 되게 하셨다.

하나님께서는 그들과 우리 모두에게 소중한 자원인 두뇌를 주셨다. 그리고 그들에게 그 두뇌를 사용할 수 있는 방법을 가르쳐 주셨다. 하나님의 교육 방법은 조기 교육이었다. 일찍부터 그들을 교육시켰고, 또한 평생 학습자의 길을 걷게 하셨다. 더불어 하나님께서는 계명을 통해 그들에게 성품 교육을 시키셨다. 글로벌 시대에 살아남기 위해서는 정직과 투명성이 필요하다. 하나님께서는 일찍이 그들이 어릴 때부터 말씀을 통해 마땅히 행할 길, 즉 올바른 길을 걷도록 가르치셨던 것이다.

"마땅히 행할 길을 아이에게 가르치라 그리하면 늙어도 그것을 떠나지 아니하리라"(잠언 22:6)

하나님께서는 이스라엘 민족에게 지식과 지혜를 함께 중요시 여기는 교육도 시키셨다.

"너희는 지켜 행하라 이것이 여러 민족 앞에서 너희의 지혜요 너희의 지식이라 그들이 이 모든 규례를 듣고 이르기를 이 큰 나라 사람은 과연 지혜와 지식이 있는 백성이로다 하리라"(신명기 4:6)

잠언을 보면, 하나님께서는 거듭 지식의 중요성과 함께 지혜의 중요성을 가르치신다. 지혜의 근본인 하나님을 경외하도록 가르치신 것이다.

하나님을 경외하기 위해서는 겸손해야 한다. 때문에 겸손과 하나님을 경외함은 늘 동행한다. 하나님의 교육에는 하나님을 경외하는 신앙과 성품이 늘 균형을 이룬다.

"겸손과 여호와를 경외함의 보상은 재물과 영광과 생명이니라"(잠언 22:4)

"집은 지혜로 말미암아 건축되고 명철로 말미암아 견고하게 되며 또 방들은 지식으로 말미암아 각종 귀하고 아름다운 보배로 채우게 되느니라 지혜 있는 자는 강하고 지식 있는 자는 힘을 더하나니"(잠언 24:3~5)

🖊 우리는 말씀을 근거로 하나님께서 이스라엘 민족을 세계적인 민족으로 키우셨음을 배웠다. 어떤 방법으로 그들을 세계적인 민족으로 키우셨는지 정리해보라.

앞에서 언급한 것처럼, 예수님께서도 제자들을 키울 때 그들에게 글로벌 마인드를 심어주셨다. 예수님께서 제자들에게 주신 지상명령 속에는 글로벌 마인드가 가득 담겨져 있다.

"또 이르시되 너희는 온 천하에 다니며 만민에게 복음을 전파하라"(마가복음 16:15)

"또 그의 이름으로 죄 사함을 받게 하는 회개가 예루살렘에서 시작하여 모든 족속에게 전파될 것이 기록되었으니"(누가복음 24:47)

그러므로 우리가 구해야 할 것은 열방이다.

"내게 구하라 내가 열방을 유업으로 주리니 네 소유가 땅 끝까지 이르리로다"(
시편 2:8(개역한글판))

글로벌 리더를 키우기 위해서는 언제나 글로벌 마인드를 갖도록 해야 한다. 우리는 글로벌 마인드를 통해 전 세계를 볼 수 있어야 하고, 전 세계 속에서 생각할 수 있어야 한다.

> 예수님께서도 제자들을 키우실 때, 그들이 글로벌 마인드를 가질 수 있게 가르치셨다. 당신은 제자들을 어떻게 가르치고 있는가? 학생들이 글로벌 마인드를 가질 수 있도록 가르치기 위해 어떻게 해야 할지 적어보라.

성경적 학습 혁명을 통해 평생 학습자가 되자

예수님께서는 제자들을 선택하여 사도로 세우셨다. 제자는 배우는 사람이다. 평생 동안 배우는 사람, 가르치면서도 끊임없이 배우는 사람이다. 예수님께서는 제자들을 세계적인 인물로 세우셨다. 물론 그 전에 세계적인 인물이 될 수 있도록 그들을 교육하셨다.

예수님께서 제자들을 교육하실 때 가장 중요하게 생각하신 것은, 바로 그들에게 세계적인 비전을 심어 주는 것이었다. 그들은 예수님께서 세계적인 인물이 되는 자아상을 심어주신 후에야 비로소 자신의 자아상에 따라 평생 학습의 길로 들어설 수 있었다. 제자들이 성령 충만을 받은 후에 가장 먼저 한 일이 바로 학습 공동체를 만드는 것이었다. 그것은 세계를 복음화할 수 있는 초대 교회의 원동력이 되었다.

"그들이 사도의 가르침을 받아 서로 교제하고 떡을 떼며 오로지 기도하기를 힘쓰니라"(사도행전 2:42)

"만나매 안디옥에 데리고 와서 둘이 교회에 일 년간 모여 있어 큰 무리를 가르쳤고 제자들이 안디옥에서 비로소 그리스도인이라 일컬음을 받게 되었더라"
(사도행전 11:26)

제자들은 배운 것을 가르쳤고, 또한 글로 남겼다. 그것이 바로 사복음서요, 신약 성경이다. 그들은 글을 쓰는 일에 탁월하여 자신이 배운 것을 글로 남겼다. 즉, 자신들이 배운 것을 글로 전수하는 능력이 탁월했던 것이다. 그것은 다 학습을 통해 터득되었다.

세계를 복음화할 수 있는 초대 교회의 원동력이 된 것은 무엇인가?

탁월한 리더들은 배우는 데도 탁월하다. 예수님의 제자들은 평생 학습의 중요성을 알았기에, 스스로 평생 학습의 길을 묵묵히 걸어갔다. 그들은 날마다 배웠고, 그 배운 것을 익히는 데 힘썼다. 모든 환경과 사건과 만남을 통해 배웠다. 왜냐하면 그들은 배움을 멈추는 순간, 성장이 멈추고 영향력 또한 멈춘다는 사실을 늘 마음에 새겼기 때문이다. 워렌 베니스 교수는 탁월한 리더의 특징 중 하나는 지속적으로 배우는 능력이라고 말한다.

> 성공한 리더들은 어린아이의 긍정적인 특성을 많이 가지고 있었다. 사람에 대한 강한 흥미, 천진난만함, 상상력, 새로운 행동을 배우는 무한한 능력 등이 그것이다.
> _워렌 베니스(Warren Bennis)

> 학습은 리더의 필수적인 연료, 끊임없이 새로운 이해와 새로운 생각, 새로운 아이디어의 불꽃을 일으키고 그 상태를 유지시키는 에너지원이다. 학습은 오늘날처럼 급격하게 변화하는 복잡한 환경에서는 필수불가결한 것이다. 한마디로 배우지 않는 자는 리더로서 생존하지 못한다.
> _워렌 베니스

평생 학습의 원천 중 하나는 실패이다. 실패나 실수를 두려워하면, 리더가 될 수 없다. 때문에 우리는 실패를 딛고 일어서는 것을 배워야 한다. 실패를 학습의 도구로 삼아야 한다. 실패를 할 때에는 지혜롭게 실패해야 한다. '지혜롭게 실패한다'라는 것은 실패를 통해 배우고, 실패를 반복하지 않는 것을 의미한다.

> 우리의 삶에 뛰어 넘어야 할 아무런 한계가 없다면 우리가 하는 경험들은 결실의 기쁨을 잃어버린다. 어둔 골짜기를 지나가는 고난이 없다면 산 정상에서는 기쁨도 사라진다.
> _헬렌 켈러(Helen Keller)

'세상의 주목받는 인물들은 성공하기 전에 반드시 큰 장애물에 부딪쳤음을 역사가 증명해 준다. 그들은 거듭되는 실패에도 용기를 잃지 않았기 때문에 승리자가 될 수 있었다.

_B. C. 포브스

> 어떤 사람도 실패나 실수를 즐거워하지는 않는다. 그러나 실패나 실수가 두렵지는 않아야 진정한 리더이다. 당신은 인생 가운데 치명적인 실패나 실수를 했던 적이 있는가? 어떻게 대처하고 극복했는지 적어보라.

성경적 학습 혁명을 통해 하나님 안에서 건전한 자신감을 갖자

글로벌 리더에게 중요한 것은 건전한 자신감이다. 건전한 자신감은 승리의 비결이요, 성공의 비결이다. 건전한 자신감은 건전한 자아상에서 나온다. 건전한 자아상은 소속감과 자부감과 자신감과 사명감으로 형성되어 있다.

소속감은 우리가 하나님의 자녀이며, 우리가 하나님께 속해 있다는 것을 깨닫는 것이다. 자부감은 가치와 관련되어 있다. 우리가 하나님의 보배로운 자녀라는 것이다. 하나님께서 독생자 예수님을 우리를 위해 희생하실 만큼 우리가 가치가 있는 존재라는 의미이다. 자신감은 능력에서 나온다. 자신감이란 바울의 고백처럼 능력 주시는 자 안에서 모든 것을 할 수 있다는 말이다. 자부감이 가치와 연관되어 있다면, 자신감은 능력과 관련되어 있다. 사명감은 우리가 이 땅에 태어난 목적이다. 하나님께서 우리를 통해 이루시기 원하는 과업이다. 사명감은 하나님께서 우리에게 주신 심부름이요, 살아야 할 이유이다.

건전한 자신감은 교만이나 자기 숭배가 아니다. 자신이 누구에게 소속해 있고, 하나님 앞에서 얼마나 가치 있는 존재이며, 성령님을 통해 주어지는 능력의 원천을 알 때 갖게 되는 성스러운 확신이다. 건전한 자신감을 가진 사람은 자신의 장점에 초점을 맞추되 자신의 약점을 보완할 줄 안다.

성공하는 리더들 중에는 자기 숭배자나 잘난 체하는 사람은 없었다. 그러나 그들은 자신의 가치를 잘 알고 있었다. _워렌 베니스

긍정적 자존심을 갖기 위한 첫 단계는 자신의 강점을 인식하고 약점을 보완하는 것이다. _워렌 베니스

자신감을 갖기 위해서는 우리 안에 있는 무한한 가능성을 알아야 한다. 우리 안에 있는 무한한 가능성은 다음과 같다.

첫째, 가장 중요한 가능성은 우리 안에 계신 하나님이시다.

전능하신 하나님께서는 우리 안에 소원을 두고, 그 소원을 통해 역사하신다. 가장 소중한 자원은 우리 안에 거하시는 하나님 자신이다. 하나님께서 우리 안에 능력을 부어 주신다. 건전한 자신감은 우리에게 나오는 것이 아닌 능력을 주시는 하나님께로부터 나온다.

"너희 안에서 행하시는 이는 하나님이시니 자기의 기쁘신 뜻을 위하여 너희에게 소원을 두고 행하게 하시나니"(빌립보서 2:13)

"내게 능력 주시는 자 안에서 내가 모든 것을 할 수 있느니라"(빌립보서 4:13)

하나님께서는 우리 안에 성령님을 보내주심으로, 우리에게 하나님의 능력을 지속적으로 공급해 주신다. 우리가 하나님을 앙망하고 간구할 때, 우리는 하나님의 능력을 지속적으로 공급받게 된다.

둘째, 전능하신 하나님의 말씀은 우리가 소유한 무한한 가능성이다.

하나님께서는 말씀으로 천지를 창조하셨다. 말씀은 천지를 창조하는 능력이다. 말씀 속에는 하나님의 지식과 지혜와 능력이 모두 담겨 있다. 우리 삶을 형통하게 하는 모든 원리가 담겨 있다.

"이 모든 날 마지막에는 아들을 통하여 우리에게 말씀하셨으니 이 아들을 만유의 상속자로 세우시고 또 그로 말미암아 모든 세계를 지으셨느니라"(히브리서 1:2)

"믿음으로 모든 세계가 하나님의 말씀으로 지어진 줄을 우리가 아나니 보이는 것은 나타난 것으로 말미암아 된 것이 아니니라"(히브리서 11:3)

지금도 하나님께서는 말씀으로 만물을 붙잡고 계신다. 하나님께서는 말씀을 통해 모든 만물을 섭리하신다.

"이는 하나님의 영광의 광채시요 그 본체의 형상이시라 그의 능력의 말씀으로 만물을 붙드시며 죄를 정결하게 하는 일을 하시고 높은 곳에 계신 지극히 크신 이의 우편에 앉으셨느니라"(히브리서 1:3)

전능하신 하나님을 마음에 모시고, 날마다 그분과 동행하자. 하나님의 말쏨인 성경을 암송함으로, 그 말씀을 우리의 마음에 새기자. 예수님께서는 말씀으로 오셨다. 때문에 우리가 말씀과 동행하는 것이 바로 말씀이신 예수님과 동행하는 것이다. 하나님의 말씀을 소유한 사람은 무한한 능력을 소유한 사람이다.

이처럼 건전한 자신감은 자신을 신뢰하는 것이 아니라 하나님을 신뢰하는 것이다. 하나님의 말씀을 신뢰하는 것이다. 우리 안에서 능력으로 역사하시는 하나님의 능력을 신뢰하자.

> 당신에게는 건전한 자신감이 있는가? 우리는 교만과 자신감을 구별할 수 있어야 한다. 당신 안에 있는 건전한 자신감을 정리해보라.

셋째, 우리 자신이 무한한 가능성이 됨을 믿어야 한다.

우리는 하나님의 형상을 따라 지음 받았다. 하나님께서는 아담과 하와를 만드신 후 그들에게 복을 주시고 "생육하고 번성하여 땅에 충만하라, 땅을 정복하라, …… 모든 생물을 다스리라"(창세기 1:28)고 말씀하셨다.

다스림은 통치를 의미한다. 다스리기 위해서는 다스리는 대상에 대한 지식이 있어야 한다. 또한 그 지식을 활용할 수 있는 지혜가 있어야 한다. 다스리기 위해서는 권세와 능력이 있어야 한다. 힘이 없이는 다스릴 수 없기 때문이다. 이에 하나님께서는 인간에게 모든 생물을 다스릴 수 있는 지식과 지혜와 권세와 능력을 허락해 주셨다. 하나님께서 모든 생물을 다스릴 수 있는 무한한 가능성을 우리 안에 담아 두신 것이다.

예수님께서도 제자들 안에 있는 무한한 가능성을 보셨고 믿으셨다. 때문에 그들 안에 있는 무한한 가능성을 따라 그들에게 놀라운 비전을 주셨다. 그 비전은 예수님께서 하신 일을 행할 뿐만 아니라 더 큰 일도 행할 것이라는 비전이었다.

> "내가 진실로 진실로 너희에게 이르노니 나를 믿는 자는 내가 하는 일을 그도 할 것이요 또한 그보다 큰 일도 하리니 이는 내가 아버지께로 감이라"(요한복음 14:12)

우리의 문제는 못하는 것이 아니라 안 하는 것이다. 시작도 하지 않고 포기하는 것, 바로 그것이 문제이다. 우리의 문제는 자신 안에 있는 무한한 자원에 대해 무지한 것이다. 하나님의 형상대로 창조된 당신 안에 있는 무한한 가능성을 믿으라!

교사가 추구해야 할 학습 혁명은 학생들에게 전능하신 하나님을 알게 하는 것과 학생들 안에 있는 무한한 가능성을 볼 수 있도록 깨우쳐 주는 것이다. 성경적 학습 혁명은 하나님께서 누구신가를 가르쳐 주는 것과 동시에 학생들이 하나님의 보배요, 하나님의 무한한 가능성임을 일깨워 주는 것이다.

새로운 교육 형태에서는 이전에 강조되던 것들은 완전히 폐기되어야 한다. 기존의 교육에서는 다른 사물들에 대해 먼저 가르쳤지만 새로운 교육에서는 그보다 먼저 자기 자신에 대해 가르쳐야 한다. 즉, 어떻게 배우고 사고하고 회상하고 창조하고 문제를 해결할 것인가를 먼저 가르쳐야 한다.

_토니 부잔(Tony Buzan)

우리의 뇌는 우리가 생각하는 것보다 훨씬 더 우수하다. 우리는 대체로 자신이 소유한 것이나 자신의 능력을 과소평가 하는 경향이 있다. 새로운 것을 배우고 창의력을 발휘하는 데 있어서 우리는 무한한 잠재력을 가지고 있다. 아인슈타인의 생애를 연구한 스코트 소프는 다음과 같이 말한다.

뇌에는 능력의 한계가 없다. 뿐만 아니라 우리의 뇌는 다수의 개념을 선택해서 그것들을 동시적으로 사고하는 일에도 뛰어난 능력을 발휘한다. 우리가 아무리 많은 개념들을 저장한 다음, 수시로 필요한 것들을 꺼내 써도 우리의 뇌는 끄떡없다.

_스코트 소프

글로벌 리더가 되기 위해서는 무한한 가능성에 대한 지식과 그 가능성을 확신하는 믿음을 가져야 한다. 믿음의 특징은 바라보는 것이다. 곧 상상하는 것이다(히브리서 11:1). 믿음은 전능하신 하나님을 바라보는 것과 그분이 약속하신 것들이 이루어질 것을 미리 바라보는 것이다. 아직 이루어지지 않은 것을 이미 이루어진 것처럼 상상하는 것, 그리고 입술로 고백하는 것이다. 아브라함이 믿은 바, 죽은 자를 살리시고 없는 것을 있는 것으로 부르시는 하나님이시다(로마서 4:17). 믿음은 죽은 자를 산 자처럼, 없는 것을 있는 것처럼 고백하는 것이다. 이처럼 믿음의 고백은 확신을 일으킨다. 믿음은 우리의 마음에 뜨거운 불을 붙여주며, 잠자는 열정을 일으켜 준다.

하나님께서는 사람의 말을 변화시킴으로, 그 사람을 변화시키신다. 학습 혁명은 의식 혁명이며 언어 혁명이다. 하나님은 언어의 변화가 의식 혁명을 가져오는 것을 아셨다.

하나님께서 예레미야를 불러 그를 열방의 선지자로 세우셨다고 말씀하실 때, 예레미야는 "나는 아이라 말할 줄을 알지 못하나이다"(예레미야 1:6)고 대답했다. 그때 하나님께서는 단호하게 그의 말을 바꾸라고 말씀하셨다.

"여호와께서 내게 이르시되 너는 아이라 말하지 말고 내가 너를 누구에게 보내든지 너는 가며 내가 네게 무엇을 명령하든지 너는 말할지니라"(예레미야 1:7)

하나님께서는 예레미야에게 아이가 아니라 "여러 나라의 선지자", "견고한 성읍", "쇠기둥", "놋성벽"이라고 말씀하셨다(예레미야 1:5, 18). 하나님께서는 예레미야의 말을 변화시키심으로 그의 자아상을 변화시키셨다. 그리고 예레미야의 인생이 변화되었다.

우리는 자신의 입술의 고백과 스스로와 나누는 끝없는 대화가 하나님과 대화하는 기도만큼이나 중요하다는 것을 알아야 한다. 자신과의 대화는 자신을 움직이고 설득하는 힘이 된다. 모든 사람의 배후에는 그가 사용하는 언어가 있다.

'할 수 있다!'라는 언어를 소유한 사람은 계속해서 자신에게 '할 수 있다!'라고 말한다. 그는 할 수 있다고 말하기 때문에 할 수 있게 된다. 반면에 '할 수 없다'라는 언어를 가진 사람은 자신에게 '할 수 없다'라고 말한다. 때문에 할 수 없는 것이다. 우리는 '예수님 안에서 모든 것을 할 수 있다'라는 믿음과 확신을 가져야 한다.

하나님께서 히브리 노예들을 위대한 민족으로 만드시기 위해 언어 혁명을 일으키셨다. 그들의 언어는 원망과 불평이었다. 하나님께서는 그들의 언어가 변화되지 않으면 그들의 미래가 변화되지 않을 것을 아셨다. 그래서 하나님께서는 말씀을 통해 그들의 언어를 개혁하게 하셨다.

하나님께서는 40년의 광야 생활을 통해 그들의 언어를 바꾸셨다. 믿음의 언어, 감사의 언어, 긍정의 언어로 바꾸셨다. 세계 모든 민족 중에 뛰어난 민족이 사용해야 하는 언어로 바꾸신 것이다.

> ✎ 최근 '말', '언어'와 관련된 베스트셀러들이 참 많다. 그건 바로 말(언어)이 그만큼 중요하고, 일의 승패를 연관 짓기 때문이다. 당신의 언어 습관은 어떠한가? 긍정적인가, 아니면 부정적인가? 당신의 언어 습관을 어떻게 고쳐나갈 수 있을지 적어보라.

성경적 학습 혁명은
재능과 은사를 최대한 계발하는 것이다

04

하나님께서 우리에게 사명을 맡기실 때 사명과 함께 주신 것이 재능과 은사이다. 하나님께서는 결코 우리가 할 수 없는 일을 맡기지 않으신다. 우리가 할 수 있는 일을 맡기신다. 또한 우리에게 주어진 사명을 완수하는 데 필요한 재능과 은사를 주심으로, 그 사명을 완수하게 하신다.

성경을 연구해 보면 하나님은 언제나 우리에게 주신 것, 우리가 소유하고 있는 것을 통해 과업을 이루신다. 재능과 은사란 우리가 잘하는 것이다. 빨리 배우고 쉽게 배우는 것이다. 좋은 결과를 만들어내는 것이다. 아무리 반복해도 지치지 않는 것이다. 우리에게 즐거움을 주고, 다른 사람들에게도 즐거움을 주는 것이 재능과 은사라 할 수 있다.

재능과 은사는 쟁취하는 것이 아닌 발견하는 것이다. 그러나 스스로 발견되기보다는 관계 속에서 발견된다. 또한 어떤 일을 하는 중에 발견된다. 교사의 가장 소중한 일 중의 하나는 학생들에게 다양한 일을 맡겨 본 후에 그들이 그 일을 어떤 자세로, 그리고 어떤 결과를 만들어 내는지를 관찰하는 것이다. 그리고 그런 과정에 발견한 학생들의 재능과 은사를 그들에게 말해 주는 것이다. 칭찬해 주고 격려해 주며 계발시켜 주는 것이다.

칭찬이란 있는 것을 있다고, 잘하는 것을 잘한다고 말해주는 것이다. 그런 과정을 통해 학생들은 자신 안에 있는 재능과 은사를 발견하게 된다. 잘하고 있는 것을 더욱 잘하게 되는 것이다.

> 훌륭한 교사란 학생의 숨은 재능을 알아채고 그것을 격려하는 사람이다. 왜냐하면 진정한 발견자들이 그들 사이에서 나오기 때문이다. 혜성이 별들 사이에서 날아오는 것처럼
>
> _칼 폰 린네(Carl von Linne)

✎ 지금까지 살아오면서 만났던 스승과 멘토 중 당신의 숨은 재능과 은사를 발견해준 사람이 있었는가? 반대로 현재 스승과 멘토인 당신은 학생들에게 그런 스승의 역할을 잘 하고 있는가?

재능과 은사를 계발하는 길은 작은 시도를 통해서 가능하다. 아무리 탁월한 재능이 있다고 해도 그 재능을 깨닫지 못하면 계발할 수가 없다. 또한 탁월한 재능을 가졌다고 해도 그 재능을 갈고 닦는 과정을 거쳐 계발하지 않는다면 거의 쓸모가 없게 된다.

한걸음 더 나아가 재능을 탁월하게 계발했다고 해도 나쁜 성품을 가지고 있다면, 그 재능을 활용할 수 있는 기회가 주어지지 않는다. 예수님께서는 달란트 비유를 통해 작은 것을 소중히 여기는 태도와 충성, 그리고 열심의 조화를 강조하셨다.

"그 주인이 이르되 잘하였도다 착하고 충성된 종아 네가 적은 일에 충성하였으매 내가 많은 것을 네게 맡기리니 네 주인의 즐거움에 참여할지어다 하고"(마태복음 25:21)

"그에게서 그 한 달란트를 빼앗아 열 달란트 가진 자에게 주라 무릇 있는 자는 받아 풍족하게 되고 없는 자는 그 있는 것까지 빼앗기리라"(마태복음 25:28~29)

우리가 이 땅에 태어날 때 하나님께서는 부모님을 통해 재능을 주시고, 예수님을 영접할 때 성령님을 통해 보배로운 은사를 선물로 주신다. 중요한 것은 우리가 이러한 재능과 은사를 발견하고 계발해야 한다. 또한 그것은 하나님 나라를 위해, 이웃을 위해 사용해야 한다. 왜냐하면 재능과 은사는 나 자신을 위해 주신 것이 아닌, 하나님의 영광과 공동체와 이웃을 위해 주신 것이기 때문이다.

재능과 은사는 이기심과 탐욕을 충족시키고 채우기 위함이 아니다. 천국 백성으로 하나님 나라를 섬기라고 주신 것이다.

✎ 당신이 가진 재능과 은사를 발견하고 계발해보라. 당신은 그것을 하나님 나라를 위해 어떻게 활용하고자 하는가?

성경적 학습 혁명은 학습의 유익을 깨닫는 것이다

05

평생 학습을 위한 학습 혁명을 이루기 위해서는 학습의 유익을 깨달아야 한다. 우리가 학습해야 하는 이유와 학습의 유익을 많이 깨달을수록 학습을 지속할 수 있다.

나는 평생 학습자의 삶을 살면서 학습을 통해 수많은 유익을 얻었다. 혜택을 누렸다. 이런 놀라운 유익과 혜택을 나 혼자 누릴 수 없기 때문에 많은 사람들에게 나누고 있는 것이다. 학습을 통해 누리게 된 유익은 다음과 같다.

① 학습을 통해 새로운 세계를 배우라. 질문을 하게 되면 새로운 세계가 열리게 된다.
② 학습을 통해 원리와 이치를 터득하라.
③ 학습을 통해 새로운 가능성을 발견하라.
④ 학습을 통해 지식을 얻으라.

⑤ 학습을 통해 지혜를 얻으라. 지식이 깊어지면 명철해지고, 명철이 깊어지면 지혜를 얻는다.

⑥ 학습을 통해 문제의 해결책을 발견하라. 직면한 문제뿐만 아니라 직면하게 될 문제에 대한 대안까지도 소유하게 된다.

⑦ 학습을 통해 창조적인 아이디어를 얻으라. 학습을 통해 하나의 아이디어에서 다양한 아이디어들을 얻을 수 있다.

⑧ 학습을 통해 체계를 형성하라. 좋은 시스템을 구축하라. 시스템을 지속적으로 혁신하라.

⑨ 학습을 통해 미래를 준비함으로 자신감을 가져라. 학습을 통해 실력을 쌓음으로 자신감을 가져라.

⑩ 학습을 통해 자신의 재능과 은사 그리고 장점을 발견하라. 학습을 통해 자기계발을 할 수 있는 방법을 배우라.

⑪ 학습을 통해 자신의 약점을 보완할 수 있는 길을 발견하라.

⑫ 학습을 통해 꿈을 성취하는 원리와 법칙을 배우라.

⑬ 학습을 통해 어려운 인간관계를 풀 수 있는 해결책을 공급받으라.

⑭ 학습을 통해 변화하고 성숙하라.

⑮ 학습을 통해 긍정적인 자아상을 확립하라.

⑯ 학습을 통해 다른 사람을 성공시킬 수 있는 구체적인 방법을 배우라.

⑰ 학습을 통해 새로운 시각을 얻으라. 시대의 흐름을 깨달으라.

⑱ 학습을 통해 치료책뿐만 아니라 예방책도 소유하라.

✎ 당신은 학습의 유익을 보면서 어떤 생각을 가졌는가? 어떻게 삶에 적용할지 구체적으로 적어보라.

06 성경적 학습 혁명은 자신의 학습 스타일을 발견하는 것이다

학습 혁명의 핵심은 나 자신을 깊이 알고, 하나님께서 원하시는 진정한 내가 되는 것이다. 하나님께서는 우리 각자를 아주 독특하게 창조하셨다. 가장 아름다운 일은 우리 자신이 창조된 의도대로 살아가는 것이다. 그러나 나 자신을 알아가는 것은 결코 쉬운 일이 아니다. 나 자신을 스스로 정직하게 대면하는 것은, 때로는 매우 고통스럽다. 하지만 나 자신과 대면함으로 나를 바로 알 수 있고 성장시킬 수 있다. 나 자신을 진정 변화시킬 수 있는 것이다.

나 자신도 잘 알지 못하는데, 다른 사람을 어떻게 알 수 있겠는가? 나 자신을 성장시키지 않고 누구를 성장시킬 수가 있겠는가? 나 자신을 가르쳐 본 경험이 없는데, 누구를 가르칠 수 있겠는가? 나 자신을 변화시켜본 경험이 없는데, 누구를 변화시킬 수 있겠는가?

나 자신을 아는 것 중 하나가 나 자신의 학습 스타일을 아는 것이다. 언제, 어떤 환경과 어떤 방법을 통해 가장 잘 배우는지를 아는 것이 중요하다. 나 자신의 학습 스타일을 발견하고, 그 학습 스타일을 따라 학습하게 되면 놀라운 변화를 경험하게 된다.

사람마다 각자 자신만의 학습 스타일이 있다. 고든 드라이든(Gordon Dryden)은 자신의 저서 『학습혁명』(해냄)에서 "각자의 학습 스타일에 충실하라"고 말한다.

> 우리에겐 각자 좋아하는 학습 스타일과 업무 스타일이 있다. 어떤 이들은 사진이나 도표를 보는 것을 좋아하고(시각파), 어떤 이들은 듣는 것을 좋아하며(청각파), 어떤 이들은 촉각을 이용하는 것을 좋아한다(촉각파). 어떤 이들은 몸을 움직임으로써(운동감각파) 더 효과적으로 학습한다. 또 어떤 이들은 '그룹형'이다. 즉, 다른 사람들과 이야기하고 의견을 교환하면서 더 효과적으로 학습한다.
> ─고든 드라이든 저, 『학습혁명』(해냄) 53쪽

✎ 당신은 자신의 학습 스타일을 아는가? 당신의 학습 스타일을 적어보라. 더불어 학생들마다 개인의 학습 스타일이 있을 것이다. 이에 대해 당신은 얼마나 파악하고 있는가?

성경적 학습 혁명은 의식과 잠재의식의 세계를 총체적으로 활용하는 것이다

학습 혁명은 인간이 가지고 있는 놀라운 가능성을 이해하고 활용하는 것이다. 우리에게는 의식과 잠재의식이 있다. 의식은 잠재의식의 세계에 비하면 빙산의 일각에 불과하다. 우리가 잠재의식의 세계를 알고 그것을 활용할 수 있다면, 학습에 놀라운 진보를 경험하게 될 것이다. 잠재의식은 우리가 잘 의식하지 않고 활용하지 않는 보배창고이다.

의식을 땅 위에 보이는 나무로 비유한다면, 잠재의식은 보이지 않는 나무의 뿌리라고 설명할 수 있다. 나무의 건강은 그 나무의 뿌리에 의해 결정된다고 해도 과언이 아니다. 뿌리가 병들면 나무는 서서히 병들게 된다. 뿌리는 나무에게 공급할 물과 영양분을 보존하고 저장하며 축적한다. 뿌리는 저장하고 축적만 하는 것이 아니라 공급도 한다. 그런 면에서 보이지 않는 뿌리는 아주 중요하다.

우리가 의식적으로 학습하는 것들은 잠재의식 속에 저장된다. 좋은 것들이 많이 저장될수록 전망은 밝다. 잠재의식 속에 저장된 지식은 우리가 필요할 때에 기억을 통해 다시 찾아올 수 있다. 또한 좋은 지식들은 서로 관련을 맺으면서 더 좋은 지식들을 만들어낸다.

우리는 말씀 묵상을 통해 잠재의식의 세계를 경험할 수 있다. 하나님께서는 말씀을 묵상할 때 주야로 묵상하라고 명하셨다.

> "이 율법책을 네 입에서 떠나지 말게 하며 주야로 그것을 묵상하여 그 안에 기록된 대로 다 지켜 행하라 그리하면 네 길이 평탄하게 될 것이며 네가 형통하리라"(여호수아 1:8)

하나님의 말씀을 깊은 밤에 묵상하고 잠자리에 들게 되면, 잠재의식 속에 역사하는 것을 경험하게 된다. 말씀은 우리의 상한 마음을 치유하고 회복시킨다. 또한 고민하고 있는 문제들에 대한 해답과 아이디어를 제공해 준다. 잠자리에 들기 전, 말씀을 묵상하거나 좋은 책을 읽게 되면 아침에 눈을 떴을 때 묵상한 말씀이나 좋은 책에서 놀라운 깨달음과 통찰력을 얻게 된다. 깊은 잠에서 깨어나는 순간에 놀라운 영감이 쏟아져 나오는 것을 경험하게 된다. 나의 경우에도 성도에게 전할 말씀이나 강의할 내용을 묵상하면서 잠에 들었다가 깨어나는 순간 하늘에서 임하는 통찰력을 얻은 경험을 많이 했다.

우리가 묵상하는 말씀은 깊이 잠들었을 때 잠재의식 속에서 더 깊은 묵상 속으로 들어가는 것을 보게 된다. 그때 생각이 익혀지고, 발효되는 경험을 하게 된다. 때로는 한 편의 설교에 대한 아이디어나 한 권의 책에 대한 아이디어가 순식간에 임하는 것을 경험하게 된다. 짐 다우닝은 자신의 저서『묵상』(네비게이토)이란 책에서 잠재의식의 중요성과 올바르게 사용하는 법을 가르쳐 준다.

언어학도들은 잠자리에 들기 직전에 새 단어 열 개를 주의 깊게 살펴본 후 잠이 들면, 잠재의식이 그 단어들에 작용한다는 것을 발견했습니다. 더 이상 노력하지 않아도, 그 다음날 아침에는 열 개 중에서 여섯 개 정도는 알 수 있을 것입니다. 이처럼, 잠재의식은 때때로 실제적인 능력을 발휘합니다.

_짐 다우닝 저, 『묵상』(네비게이토) 30쪽

우리는 주야로 하나님의 말씀을 묵상하도록 명령을 받았습니다. 이를 위해서 잠재 의식을 이용해야 합니다. 우리는 하루를 마무리할 무렵 의식 속의 지배적인 생각은 하나님의 말씀이 되도록 해야 합니다.

_짐 다우닝 저, 『묵상』(네비게이토) 31쪽

✎ 말씀을 주야로 묵상하는 것은 왜 중요한가? 당신의 말로 정리해보라.

우리 안에는 우리가 아직도 사용하지 않은 미지의 세계가 있다는 것을 알아야 한다. 하나님께서 허락하신 무한한 가능성을 일깨워야 한다.

우리가 당연히 도달해야 하는 존재에 우리를 비교해 보면, 우리는 겨우 반 정도만 각성하고 있을 뿐이다. 우리의 열정은 둔화되어져 있고 우리의 견인력은 제재를 받고 있다. 우리는 우리의 정신과 육체의 가능한 자원들 중에서 아주 작은 양만을 사용하고 있을 뿐이다. _윌리암 제임스(William James)

모든 개인은 미지의 실현되지 않은 가능성을 지닌 경탄스러운 존재이다.

_괴테(Johann Wolfgang von Goethe)

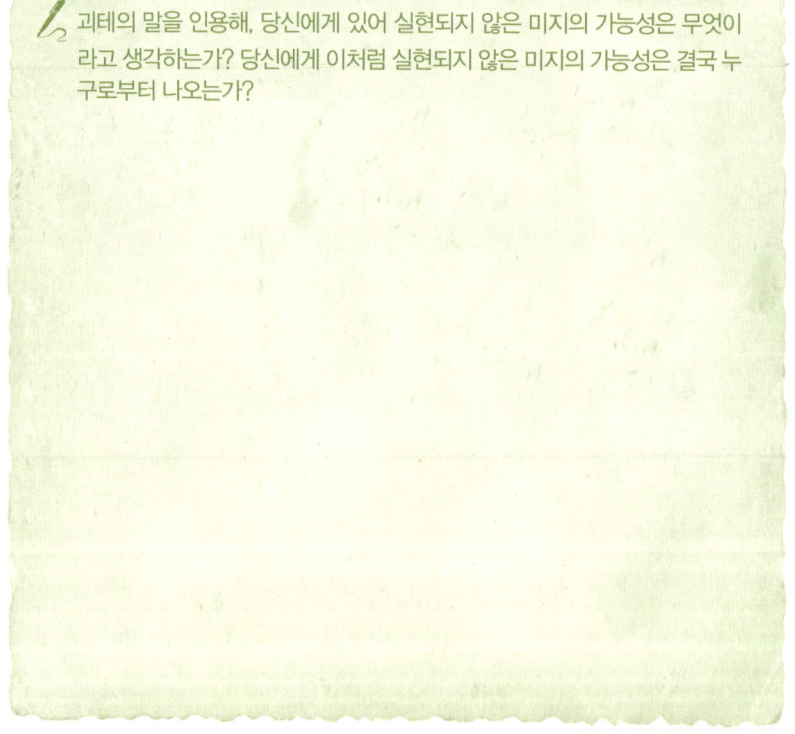

괴테의 말을 인용해, 당신에게 있어 실현되지 않은 미지의 가능성은 무엇이라고 생각하는가? 당신에게 이처럼 실현되지 않은 미지의 가능성은 결국 누구로부터 나오는가?

성경적 학습 혁명은 창의력을 극대화하는 것이다

하나님의 형상을 따라 지음 받은 인간 안에는 새로운 것을 창조하고 싶어하는 갈망이 있다. 우리는 인간이기에 하나님처럼 창조자가 될 수는 없다. 하지만 하나님은 우리 인간에게 새로운 것을 발견하고 발명하며 발전시킬 수 있는 창의력을 주셨다.

창의력은 호기심에서 극대화된다. 호기심의 뿌리는 질문에 있다. 무엇이든 이미 존재하고 있는 것보다 새로우며 아름답고 유쾌하며 쉽고 유익하게 만들어 주는 아이디어가 바로 창의력이다. 창의력은 이미 기존에 있는 것들을 가지고 관련을 맺고 연결 짓는 데서 시작한다. 또한 이미 기존에 있는 것들을 통합하고 융합하는 데서 발전하게 된다. 해 아래 새 것이 없다. 다만 새로운 연결, 새로운 통합, 새로운 융합, 새로운 배열, 새로운 표현이 있을 뿐이다. 그런 과정을 통해 창의력은 극대화된다.

"내가 그 곁에 있어서 창조자가 되어 날마다 그의 기뻐하신 바가 되었으며 항상 그 앞에서 즐거워하였으며"(잠언 8:30)

하나님께 반응하는 데 있어서 우리는 그분 자신의 품성을 반영하는 아름다움과 창의성을 표현하는 모든 것을 사용하는 데 열려 있어야 한다.

_하워드 스티븐슨(Howard Stevenson)

새 천년의 화두 가운데 하나가 '창의성'이다. 창의성은 아이디어를 말한다. 벤처 산업이 활발한데, 벤처 산업은 모두 아이디어 싸움이다. 지혜는 창의성을 제공한다.

우리는 하나님의 형상대로 창조되었다. 이 세상을 창조하신 하나님의 형상을 입었는데, 어찌 창의력이 부족하겠는가! 당신의 창의성으로 성공한 사례가 있으면 적어보라.

창의력은 일반적으로 '새로운', '다른', '독특한', '더 나은' 등의 어구가 들어간 새롭고 유용한 것이라고 정의한다. 우리가 창의적이라고 할 때에는 어떤 일에 있어서 새로운 의미나 목적을 부여하고 새로운 용도를 찾으며 기존의 문제점들을 해결하고 미와 가치를 더한다는 뜻으로 이해한다. 즉 창의력은 자신의 개성을 표현하는 것이다. 개개인의 개성을 찾아서 귀를 기울이는 과정이다. 창의력을 발휘하기 위해서는 자신만의 독특한 목소리를 의식하고 그것을 존중해야 한다.

> 학생들의 창의력을 이끌어 내기 위해서는 당신의 가르침도 창의적이어야 한다. 어떻게 창의적으로 학생들을 가르칠 수 있을지 고민하고 계획해보라.

성경적 학습 혁명은 지식을 활용할 수 있는 원리를 터득하는 것이다

하나님은 지식의 하나님이시다. 하나님께서 우리에게 지식을 주시기 때문이다. 하나님께서는 지식을 통해 우리를 축복하신다. 교사는 지식의 가치를 누구보다 더 절실하게 깨달아야 한다. 교사의 일차적인 일은 좋은 지식을 전수하는 것이기 때문이다. 아무도 알지 못하면서 꼭 필요한 지식을 가지고 있다면, 그 지식은 보배다. 병을 고치고 문제를 해결하며 갈등을 완화해 주는 지식을 제공해 준다면 그 지식은 보배이다. 보이지 않는 마음의 상처와 불안과 두려움과 죄책감을 치유해 주는 지식을 제공해 준다면 그 지식은 보배다.

이와 같은 지식의 원천은 하나님의 말씀이다. 때문에 우리는 하나님의 말씀을 읽고, 하나님의 말씀을 통해 지식을 습득해야 한다. 하나님의 말씀 속에 담긴 지식은 우리가 이 땅에 사는 동안 필요한 지식뿐만 아니라 영생을 얻을 수 있는 영원한 지식까지 제공해 준다. 그러므로 하나님의 말씀을 가르치는 교사는 학생들에게 그들이 영원한 복을 누리도록 도와주어야 한다.

지식을 얻는 길은 다양하다. 그중에서도 책을 통해 얻는 것이 가장 쉽다. 책 속에 길이 있다. 문제는 우리가 책을 읽지 않는 데 있다. 성경책과 좋은 책 속에는 우리가 찾고 있는 소중한 지식들이 가득하다. 그래서 나는 날마다 책을 읽는다. 그렇다고 지식을 얻는 길이 책을 통해서만 있는 것은 아니다.

좋은 만남을 통해서도 지식을 얻을 수 있다. 새로운 만남은 새로운 지식의 문을 열어주고, 낯선 만남은 낯선 지식의 문을 열어준다. 뿐만 아니라 지식은 자연을 관찰하는 중에도 얻게 된다. 지식에 관심을 갖고 지식에 마음을 열면, 다양한 방법을 통해 다양한 지식을 접할 수 있다.

지식은 지식을 낳는다. 지식과 지식이 만나 결혼하게 되면 새로운 지식을 낳는다. 때문에 좋은 지식, 쓸모 있는 지식을 많이 소유할수록 좋다. 더 중요한 것은 지식을 단순히 소유하는 것이 아닌, 존재에 스며들게 만드는 것이다. 말씀이 육신이 되신 예수님처럼, 우리가 배운 지식이 우리의 존재 속에 스며들게 만드는 것이다. 그때 우리는 어떤 상황에서나 우리의 존재 속에 스며들어 있는 지식을 자유롭게 활용할 수 있게 된다.

좋은 지식이 많을수록 좋다. 많아지면 달라진다. 많아지면 놀라운 변화가 일어난다. 임계점에 이르게 되면 그동안 읽은 책들이 관련을 맺고 연결되는 경험을 하게 된다. 열림과 눈뜸의 경험을 하게 된다. 인생 전체가 보이고, 영원한 시각에 모든 것을 바라보는 시각을 갖게 된다.

"의인의 입술은 여러 사람을 교육하나 미련한 자는 지식이 없어 죽느니라"(잠언 10:21)

지식을 갖추면 갖출수록, 사람들을 통솔할 수 있는 능력을 더 갖추게 된다.

이 능력이 지도력이다. 사람들과 지식을 나누면 나눌수록 그들의 삶에 끼칠 수 있는 긍정적인 영향력의 범위는 확대된다. _존 맥스웰(John C. Maxwell)

지식과 정보는 생명이다. 지식혁명 시대에 사는 우리에게 있어 지식은 정말 중요한 자원이다. 우리는 전문 지식을 가진 사람들에게 많은 돈을 지불한다. 그 이유는 우리가 알지 못하는 지식을 그들이 갖고 있기 때문이다. 전문 지식은 교육을 통해 얻을 수가 있고, 한 분야에 오랫동안 집중해서 연구하거나 몰입하게 되면 얻게 된다. 물론 전문 지식을 가졌다고 모두 지혜로운 것은 아니다. 전문 지식은 한 분야를 깊이 아는 것이다. 때문에 전체적인 안목이나 인생에 대한 깊은 이해가 떨어질 수 있다. 그래서 전문 지식을 가진 사람이라 할지라도 다양한 학습을 통해 자신을 지속적으로 가꾸어야 한다.

성경을 읽어보면, 하나님께서 쓰신 인물들은 한결같이 지식을 소중히 여긴 것을 알 수 있다. 그들은 남이 알지 못한 지식을 갖고 있음으로 존귀한 위치에서 쓰임을 받을 수 있었다. 예를 들어, 요셉과 다니엘과 같은 인물들이다. 그들은 변두리 인생에서 시작했다. 종과 포로에서 시작했다. 하지만 하나님의 은혜 안에서 놀라운 지식을 습득함으로 글로벌 리더가 되었다. 하나님의 뜻을 성취하고, 하나님의 나라를 선포하는 천국 인재가 된 것이다.

> 내가 가르치는 학생들을 천국 인재로 만들기 위해, 결국 나는 무엇을 가르쳐야 하겠는가?

성경적 학습 혁명은 지혜형 인간이 되는 것이다

우리는 지식과 정보가 얼마나 중요한지를 잘 알고 있다. 하지만 지식과 정보보다 더 중요한 것이 지혜이다. 지혜는 분별력으로, 많은 지식 중에서 가장 소중한 지식을 분별할 수 있는 능력이다. 정보 가운데 정말 요긴한 정보를 분별하는 것이다. 지금은 지식과 정보가 모두 공유되는 시대이다. 때문에 누구나 공유할 수 있고 접근할 수 있는 지식과 정보보다 더 소중한 지혜를 소유해야 한다. 지식과 정보를 분별하고 선별하며 활용할 수 있는 능력이 지혜이다. 지식이 수평적인 것이라면, 지혜는 수직적인 것이다. 하늘에서 임하는 영감이 지혜이다. 지혜는 시대의 흐름을 읽어내고, 다가오는 시대를 준비할 수 있는 능력이다. 나아가 지혜는 사람의 마음을 얻는 것이다. 다시 말해, 사람을 얻는 능력이 된다. 왜냐하면 사람들은 지혜자를 갈망하기 때문이다. 학습혁명은 우리를 지혜자가 되게 하고, 영감을 나누어 주는 사람이 되게 한다.

지금은 정보의 시대가 아니네. 지금은 정보의 시대가 아니라네. 뉴스 따윈 잊어버리게. 라디오와 바보 상자의 흐릿한 화면도. 지금은 생존의 시대. 사람들은 굶주리고 있지. 지혜의 한마디가 수천 명분의 빵이라네.

_데이비드 와이트(David Whyte)

글로벌 시대의 지혜는 다문화를 이해하는 지혜이다. 하나님께서 쓰신 인물들 중에 다문화를 이해하는 인물들이 많았다.

모세는 히브리 노예의 자녀였지만, 애굽 공주의 아들로 성장했다. 모세는 이드로의 딸 십보라와 결혼했다. 나중에는 구스 여인과 결혼했다. 이처럼 모세는 다문화 환경에서 성장했다.

요셉은 애굽에서 온의 제사장 보디베라의 딸 아스낫과 결혼했다. 이방 여인과 결혼해서 두 아들을 낳았던 것이다. 이처럼 요셉의 아들 므낫세와 에브라임도 다문화 환경에서 성장했다.

가나안 여인 기생 라합과 살몬 사이에서 태어난 아들은 보아스이다. 보아스는 모압 여인 룻과 결혼해서 오벳을 낳았다. 오벳은 이새의 아버지며, 이새는 다윗의 아버지이다.

하나님께서는 신비롭게도 구속의 드라마를 다문화 가족을 통해 이루신 것을 성경을 통해 우리는 보게 된다. 유다 지파의 후손으로 예수님께서 오셨다. 하지만 그 유다 지파의 계보 속에는 이방 여인 기생 라합과 룻이 포함되어 있었다.

글로벌 시대는 다문화 시대이다. 모든 나라의 경계가 무너졌다. 모든 민족이 섞여 살고 있다. 우리나라도 다문화 사회가 되었다. 때문에 글로벌 시대의 지혜자는 다문화를 이해하는 사람이어야 한다.

> ✎ '글로벌 시대의 지혜자는 다문화를 이해하는 사람이다'라는 말에 당신은 동의하는가? 다문화 시대, 당신은 이것을 삶에 어떻게 적용하며 살아가는가?

글로벌 시대의 지혜는 공감 능력이 탁월한 지혜이다. 지능지수보다 감성지수를 더 소중히 여기는 시대가 되었다. 감성지수는 자신의 감정을 잘 이해하고 다스리는 능력을 의미한다. 자신에게 동기를 부여하고, 자신을 움직이는 능력을 말한다. 또한 다른 사람의 감정을 이해하고 공감하며 다른 사람에게 동기를 부여할 수 있는 능력을 뜻한다. 자신을 잘 다스리는 감정지수를 성경은 오래 전부터 강조했다.

"노하기를 더디하는 자는 용사보다 낫고 자기의 마음을 다스리는 자는 성을 빼앗는 자보다 나으니라"(잠언 16:32)

"그러므로 무엇이든지 남에게 대접을 받고자 하는 대로 너희도 남을 대접하라 이것이 율법이요 선지자니라"(마태복음 7:12)

> 당신의 공감 능력은 얼마나 되는가? 대표적인 예를 들면서 당신의 공감 능력을 대변해보라. 만약 부족하다면, 당신의 공감 능력 향상을 위해 어떠한 노력을 기울이겠는가?

글로벌 시대의 지혜는 총체적인 하나님의 원리를 터득하는 것이다. 또한 인간을 총체적으로 이해하는 것이다. 총체적인 이해라는 것은 인간이 가진 지성과 감성과 영성을 총체적으로 이해하는 것을 의미한다. 학습 혁명은 마음을 이해하는 학습 혁명이며, 사람들의 감성과 영성까지 계발시킬 수 있는 혁명이다.

지혜로운 사람은 하나님을 알고, 인간을 깊이 이해할 줄 아는 사람이다. 인간을 진심으로 사랑하고 섬기는 사람이다. 참된 학습은 인간의 존엄성과 생명의 경외감을 품게 한다. 인간의 존엄성과 생명의 경외감 없이는 결코 하나님을 기쁘시게 할 수가 없다.

글로벌 시대의 지혜는 깨달음의 지혜이다. 학습 혁명은 깨달음의 혁명이다. 깨달음은 깨어짐을 통해 경험된다. 깨어짐을 통해 우리는 모든 감각이 새롭게 깨어나기 때문이다. 이는 우리가 고통 중에 있는 사람들의 마음을 잘 이해함으로 그들을 진심으로 위로하게 된다. 감성지능을 계발하기 위해서는 사람들의 감정을 깊이 이해해야 한다. 즉, 공감능력을 계발해야 한다. 사람들을 차별하지 않고 사랑하며 존귀히 여기는 능력이 공감능력이다.

다른 문화를 틀렸다고 말하지 않아야 한다. 다른 문화가 틀린 것이 아니라 다른 것이며, 다른 것은 또한 아름답다는 것을 이해해야 한다. 다양성을 품고 이해하는 품이 곧 지혜다. 하나님께서 창조하신 모든 인간은 다 다르다. 한 사람도 똑같지 않다. 겨울에 내리는 눈송이 하나도 같은 것이 없고, 바다의 모래알 하나도 같은 것이 없다. 같아 보이지만 사실은 다르다. 다양하다. 그것이 하나님의 지혜, 곧 하나님의 솜씨이다.

참된 지혜는 하늘에서 임한다. 때문에 참된 지혜는 더럽지 않고, 사납지 않으며, 차갑지 않다. 파괴적이지 않고, 음란하지 않으며, 분열시키지 않는다. 참된 지혜는 성결하고, 친절하며, 따뜻하다. 겸손하고, 절제가 있다.

"너희 중에 지혜와 총명이 있는 자가 누구냐 그는 선행으로 말미암아 지혜의 온유함으로 그 행함을 보일지니라 그러나 너희 마음 속에 독한 시기와 다툼이 있으면 자랑하지 말라 진리를 거슬러 거짓말하지 말라 이러한 지혜는 위로부터 내려온 것이 아니요 땅 위의 것이요 정욕의 것이요 귀신의 것이니 시기와 다툼이 있는 곳에는 혼란과 모든 악한 일이 있음이라 오직 위로부터 난 지혜는 첫째 성결하고 다음에 화평하고 관용하고 양순하며 긍휼과 선한 열매가 가득하고 편견과 거짓이 없나니 화평하게 하는 자들은 화평으로 심어 의의 열매를 거두느니라" (야고보서 3:13~18)

✎₂ 당신은 어떻게 하면 지혜형 리더가 될 수 있다고 생각하는가? 야고보서 3장 13~18절을 묵상한 후에, 땅의 지혜와 위로부터 난 지혜의 차이점을 구분해 보라.

성경적 학습 혁명은 안식의 혁명이다

11

우리는 안식이 필요한 시대에 살고 있다. 인간의 실존은 안식을 필요로 하는 존재이다. 오늘날 모든 것이 빠르고 편리해졌지만, 우리는 참된 안식이 없는 시대 속에 살고 있다. 한병철 씨는 우리가 살고 있는 사회를 '피로 사회'라고 부른다.

요즘 학생들은 매우 피곤하다. 아침 일찍 학교에 가서 수업을 받은 후, 늦게까지 과외를 해야 한다. 학교는 경쟁을 가르치는 곳이 되었다. 성적을 따라 학생들을 평가하고, 성적에 따라 학생들의 미래를 예측한다. 학생들에게 윤리와 도덕과 성품을 가르치는 과목은 없다. 정서를 함양할 수 있는 음악이나 문학을 가르치는 과목이 점점 줄고 있다.

주일에는 하나님을 예배하는 것보다 학원에 가는 것을 더 가치 있게 만들었다. 현대 교육이 만들어 놓은 비극은 공부를 많이 할수록 지능적으로 죄를 짓는다는 것이다. 잘못된 지식은 인간을 교만하게 만든다. 끝없는 성취와 성과와 성공에의 집착은 인간 영혼을 황폐하게 한다.

우리는 성경에서 바로의 시스템과 모세가 만들어낸 대안 공동체, 즉 모세의 시스템을 구별해서 생각해 볼 필요가 있다. 바로는 히브리 민족을 노예로 삼고 쉬지 못하게 하였다. 그들에게 안식을 주지 않았다. 끝없이 착취했고, 끝없이 벽돌을 만들게 했다. 바로는 더 많은 소유를 축적하기 위해, 더 큰 저장소를 만들기 위해 히브리 민족을 쉬지 못하게 했다. 바로는 하나님께 드리는 예배를 낭비라고 생각했다. 바로는 히브리 노예들에게서 비전을 보지 못했다. 잠재력을 보지 못했던 것이다. 때문에 교육의 기회를 제공하지 않았다.

하나님께서 모세를 통해 히브리 민족을 광야로 이끌어 내었을 때 하나님은 그들을 안식하게 만드셨다. 40년 동안 안식하게 하시고, 40년 동안 그들을 교육하셨다. 하나님의 율법과 법도를 가르치심으로 가장 탁월한 교육을 받게 하셨다. 그들은 광야에서 하나님이 세우신 광야 학교에 입학했다. 그 광야 학교는 하나님을 아는 것을 배우는 학교였다. 하나님을 경외하는 법을 배우는 학교였다. 하나님을 신뢰하는 법을 배우는 학교였다. 광야 학교는 법학대학원과 같았다. 하나님의 법을 배웠고, 이로 인해 그들은 하나님의 지혜와 지식이 있는 큰 나라 백성이 되었다(신명기 4:6).

하나님은 40년 동안 안식과 교육을 통해 히브리 민족을 개조하셨다. 민족 개조의 역사가 광야 40년 동안 이루어진 것이다. 안식을 배우고, 안식하는 법을 배우며, 안식하면서 학습하는 법을 배우는 것이 성경적 학습 혁명이다. 참된 안식은 하나님을 신뢰하는 것이다. 하나님께 무거운 짐을 맡기는 것이다. 참된 안식은 성품을 통한 안식이다. 사나운 마음, 불순종하는 마음, 교만한 마음에는 안식이 없다. 참된 안식은 온유하고 겸손한 성품에서 나온다.

예수님께서 이 땅에 오셨을 때 사람들은 하나님의 율법을 무거운 짐으로 만들었다. 또한 랍비들은 수많은 전통을 만들어 사람들로 하여금 무거운 짐을 지고 살게 만들었다. 그들은 외식이라는 무거운 짐을 지고 살았다. 또한 그들은 무거운 죄의 짐 아래 고통을 받고 있었다. 그들은 남을 무시하고 정죄하는 무거운 짐을 지고 있었다. 예수님께서는 이 땅에 오셔서 안식 혁명을 일으키셨다.

> "수고하고 무거운 짐 진 자들아 다 내게로 오라 내가 너희를 쉬게 하리라 나는 마음이 온유하고 겸손하니 나의 멍에를 메고 내게 배우라 그리하면 너희 마음이 쉼을 얻으리니"(마태복음 11:28~29)

예수님께서는 무거운 짐 진 자들을 초청하셨다. 그들에게 안식을 선물해 주셨다. 온유하고 겸손한 성품의 열매를 맺게 하심으로 참된 안식으로 들어가게 하셨다. 무지와 죄책감 때문에 두려워하는 그들을 진리를 통해 안식하게 하셨던 것이다. 참된 지식을 통해 그들이 진정 자유하게 하셨다. 하나님의 사랑을 통해 두려움을 추방해 주심으로 그들이 안식하게 하셨다.

> "사랑 안에 두려움이 없고 온전한 사랑이 두려움을 내쫓나니 두려움에는 형벌이 있음이라 두려워하는 자는 사랑 안에서 온전히 이루지 못하였느니라"(요한일서 4:18)

하나님의 사랑은 우리의 성과와 성공과 성취와는 상관이 없다. 성과와 성공과 성취가 필요 없다는 것은 아니다. 눈에 보이는 성과와 성공과 성취보다 우리 존재가 하나님 앞에 소중하다는 사실을 깨닫는 것이 더 중요하다는 것이다. 하나님의 사랑을 깨달을 때 자존감은 향상된다. 그때 우리에게 주어진 과업도 잘 성취될 수 있기 때문이다.

> "능히 모든 성도와 함께 지식에 넘치는 그리스도의 사랑을 알고 그 너비와 길

이와 높이와 깊이가 어떠함을 깨달아 하나님의 모든 충만하신 것으로 너희에게 충만하게 하시기를 구하노라"(에베소서 3:18~19)

학습 혁명과 안식 혁명의 상관관계가 얼핏 이해되지 않을 수 있다. 안식 혁명의 진정한 의미를 정리해보라.

성경적 학습 혁명은 자신에게 맡겨진 일에 통달하는 경험이다

안식 혁명은 게으름의 혁명이 아니다. 안식 혁명은 안식과 함께 소중한 것을 배우는 시간이다. 히브리 민족의 안식에는 쉼과 함께 하나님께 드리는 예배, 그리고 가족 간의 교제와 배움이 있었다. 특히 하나님께서 이스라엘 백성을 광야에서 안식하게 하시면서 그들을 40년 동안 집중해서 교육을 시키셨다. 하나님께서는 그것을 통해 그들을 세계적인 민족으로 만드셨다. 하나님의 지혜와 지식을 통해 큰 나라, 큰 민족이 되게 하신 것이다.

안식과 교육을 통해 하나님이 세우신 히브리 민족은 지식과 거룩한 성품을 겸비한 민족이 되었다. 물론 그들은 수없이 넘어지고 일어서는 경험을 했다. 그러나 그런 과정을 통해 하나님께서는 결국 그들을 위대한 민족으로 만드셨다.

하나님께서는 누군가에게 중요한 일을 맡기실 때 지식과 지혜와 거룩을 겸비하게 하신다. 또한 자신에게 맡겨진 일을 통달하게 하신다. 다니엘이 그런 인물이었다. 다니엘은 자신이 하는 일에 통달했고, 또한 거룩을 추구하는 삶을 살았다. 하나님의 말씀을 따라 살기로 뜻을 정하고, 어떤 상황에서도 자신을 더럽히지 않았다. 동시에 그 당시 지식에 통달하고 학문에 익숙했다.

> "곧 흠이 없고 용모가 아름다우며 모든 지혜를 통찰하며 지식에 통달하며 학문에 익숙하여 왕궁에 설 만한 소년을 데려오게 하였고 그들에게 갈대아 사람의 학문과 언어를 가르치게 하였고"(다니엘 1:4)

글로벌 리더는 자신의 분야에 대한 총체적인 지식과 정보를 갖춘 사람을 말한다. 교사는 학생들을 탁월하게 키우기 위해서는 늘 전체를 보는 눈을 가져야 한다.

> 일을 바르게 처리하는 방법이 한 가지 뿐이듯 일을 바르게 보는 방법은 한 가지뿐이다. 곧 일 전체를 보는 것이다. _J. 러시킨

우리는 어떤 분야를 통달한 사람을 전문가라고 부른다. 전문가는 자신의 분야에 대한 지식과 기술을 익힌 사람이다. 자신의 전문 분야를 통달함에 있어 처음부터 끝까지 모든 과정을 다 거쳐 본 사람만이 진정한 전문가가 될 수 있다. 이런 전문가는 자신의 전문 분야에 통달함으로 다른 전문 분야에도 도전할 수 있는 사람이다. 자신의 전문 분야가 인류에 어떻게 기여하는가를 아는 사람이기에 끊임없이 도전할 수 있는 것이다.

또한 자신이 통달한 전문 분야를 다른 사람에게 코치하고 전수함으로, 재생산이 가능하게 된다. 당신도 이러한 탁월한 전문가가 되어보고 싶지 않은가? 탁월한 전문가가 될 수 있는 통달의 지혜를 배워보자.

> 당신은 전문가인가, 아니면 전문가가 되고 싶은가? 그러면 어떻게 해야 할지 적어보라.

통달의 경지는 완벽의 경지가 아니다. 인간은 완벽할 수 없다. 인간이 어떤 분야에 통달한다는 것은, 한 분야를 깊이 알고 넓게 안다는 것을 의미한다. 전체를 알고 과정을 안다는 것이다. 또한 자신이 통달한 분야를 다른 사람에게 전수할 수 있는 능력을 겸비하고 있다는 것을 말한다.

통달의 경지는 언제나 초심을 유지하는 것을 의미하기도 한다. 탁월한 경지에 이르렀지만 언제나 초심자로 살아가는 사람은 참으로 훌륭한 장인(匠人)이다. 다음에 소개하는 통달의 과정은 아주 단순하지만, 깊이 묵상하면 놀라운 지혜를 얻게 할 것이다.

첫째, 통달을 강렬하게 갈망하라.

통달을 원하면, 통달에 관심을 갖고 통달을 강렬하게 갈망해야 한다. 하나님께서는 우리가 원하지 않는 것을 주시는 분이 아니다. 우리가 원하고 갈망하는 것을 주신다. 통달의 경지도 마찬가지다. 통달의 경지에 이르기를 갈망하고 열망할 때, 우리는 통달의 경지에 들어갈 수 있다.

이 세상에 열정 없이 이루어진 위대한 일은 하나도 없다. _G. W. 헤겔

사람은 스스로 무한한 열정을 품고 있는 일에서는 대게 성공한다. _C. 슈와프

둘째, 통달하고 싶은 전문 분야를 잘 선택하라.

한 사람이 모든 분야에 통달할 수는 없다. 한 분야를 먼저 선택해서 집중적으로 연구하고 기술을 연마해야 한다. 집중하기 위해서는 가지치기를 잘해야 한다. 그때 모든 에너지를 한 곳에 집중하는 데 쏟을 수 있다.

"그러므로 나는 달음질하기를 향방 없는 것 같이 아니하고 싸우기를 허공을 치는 것 같이 아니하며"(고린도전서 9:26)

목적지에 도착하려면 한 길로만 가라. _세네카(Lucius Annaeus Seneca)

셋째, 통달의 경지에 이른 좋은 멘토를 만나라.

가장 지혜로운 사람은 모범을 통해 배우는 사람이다. 이미 자신이 추구하는 통달의 분야에서 통달의 경지에 이르는 사람을 통해 코치를 받는 것이다.

통달의 경지는 여러 과정을 거쳐서 이르게 된다. 그때마다 멘토와 코치의 도움을 받아야 한다. 어떤 분야에서든지 스스로 통달의 경지에 이르는 것은 힘들다. 하지만 멘토의 도움을 받으면 많은 시행착오를 줄일 수 있다.

> "대답하되 지도해 주는 사람이 없으니 어찌 깨달을 수 있느냐 하고 빌립을 청하여 수레에 올라 같이 앉으라 하니라"(사도행전 8:31)

넷째, 통달하려는 분야의 지식과 정보 그리고 기술을 습득하라.

통달은 하루아침에 이루어지지 않는다. 통달의 경지에 이르기 위해서는 지식과 정보가 필요하다. 기술을 익혀야 한다. 학습이란 배우고 익히는 것이다. 배우기만 해서는 안 된다. 익혀야 한다.

무사는 어느 경지에 이르게 되면 자신과 칼이 하나가 되는 경험을 하게 된다. 지혜는 공교한 기술이요, 능숙함이다. 철 연장을 가는 것처럼 기술을 연마할 때, 통달의 경지에 이르게 된다.

> "철 연장이 무디어졌는데도 날을 갈지 아니하면 힘이 더 드느니라 오직 지혜는 성공하기에 유익하니라"(전도서 10:10)

"또 방들은 지식으로 말미암아 각종 귀하고 아름다운 보배로 채우게 되느니라
지혜 있는 자는 강하고 지식 있는 자는 힘을 더하나니"(잠언 24:4~5)

다섯째, 기본자세와 기본기를 먼저 잘 익히도록 하라.

모든 분야에서 중요한 것은 기본자세, 즉 태도이다. 또한 기본기를 잘 익히는 것이 중요하다. 기본기를 충분히 익힌 사람은 지속해서 성장하게 된다. 기초가 잘 다져진 사람의 성장은 아무도 그 미래를 예측할 수 없을 만큼 밝다. 더욱 놀라운 사실은 통달의 경지에 이른 사람들은 안주하지 않고 늘 기본기를 다진다는 초심자의 삶을 산다.

교사와 목회자의 기본은 기도와 말씀이다. 또한 말씀에 순종하는 것이다. 교사가 기본에 충실할 때 학생들은 기본에 충실한 삶의 자세를 가지고 일평생 살아가게 된다.

"우리는 오로지 기도하는 일과 말씀 사역에 힘쓰리라 하니"(사도행전 6:4)

프로들은 날마다 기초를 잘 다진다.   _빈스 롬바르디(Vince Lombardi)

여섯째, 노력을 넘어 훈련하라.

많은 사람이 노력은 하지만 훈련은 하지 않는다. 노력하는 것과 훈련을 받는 것은 하늘과 땅 차이다.

훈련을 받는다는 것은 코치를 받는다는 것이다. 목표를 이루기 위해 절제

하고 집중한다는 것이다. 훈련을 받는다는 것은 정기적으로 점검을 받고 잘 못된 것을 바로 잡아가면서 정진한다는 말이다. 훈련을 받는 동안에는 최대한 예외를 두지 않아야 한다. 그래야 예상하는 진보를 경험할 수 있다.

"이기기를 다투는 자마다 모든 일에 절제하나니 그들은 썩을 승리자의 관을 얻고자 하되 우리는 썩지 아니할 것을 얻고자 하노라"(고린도전서 9:25)

일곱째, 창조적인 반복을 통해 대가의 길에 들어서라.

반복이 중요하지만 잘못된 자세와 태도와 방법으로 반복한다면, 그 결과는 좋지 않다. 때문에 창조적인 방법이 필요하다.

창조적인 방법은 다양한 방법으로 훈련하는 중에 자신에게 가장 적합한 방법을 찾아내는 것이다. 이 과정에서 멘토의 도움이 필요하다. 멘토의 점검을 통해 자신이 바로 잡아야 할 것, 개선해야 할 것을 알게 된다. 중요한 것은 통달에 이르기까지 끈기를 가지고 지속하는 것이다.

실천해야 완벽해진다.　　　　　_브루스 윌킨슨(Bruce H. Wilkinsono)

연습이 완벽하게 만들지 않는다. 완벽한 연습이 완벽을 만든다.

_빈스 롬바르디

여덟째, 통달의 원리를 전수하라.

교사는 전수하는 사람이다. 교사가 통달을 경험했다면 제자에게 통달의 원리를 전수해야 한다. 그런 과정을 통해 교사는 더욱 깊은 단계 속에 들어가게 된다.

교사는 가르치고 전수함으로 더욱 훌륭한 교사가 된다. 또한 전수하는 과정을 통해 이전에 깨닫지 못했던 것을 깨닫게 된다. 제자를 통해 새로운 경지에 이를 수도 있다

> "또 네가 많은 증인 앞에서 내게 들은 바를 충성된 사람들에게 부탁하라 그들이 또 다른 사람들을 가르칠 수 있으리라"(디모데후서 2:2)

> 가르친다는 것은 다시 배우는 것이다.
> _올리버 원들 홈스(Oliver Wendell Holmes)

> 나는 나의 선생님들로부터 많은 것을 배웠고 더 많은 것을 동료들에게 배웠지만, 가장 많은 것들은 내 제자들에게 배웠다. _탈무드

> 위대한 교사는 늘 그를 능가하는 학생의 수로 평가받는다. _도날드 로빈슨

아홉째, 한 분야를 통달한 후에 또 다른 분야에 도전하라.

한 분야를 통달한 사람은 다른 분야에도 통달할 수 있는 가능성이 높다. 어느 한 분야에 통달했다는 것은 그 과정에 통달의 원리를 터득했다는 것을 의미한다.

통달은 통달을 낳는다. 한 분야에 통달한 사람은 다른 분야에 도전함으로 그 지경을 넓힐 수 있다.

> "야베스가 이스라엘 하나님께 아뢰어 이르되 주께서 내게 복을 주시려거든 나의 지역을 넓히시고 주의 손으로 나를 도우사 나로 환난을 벗어나 내게 근심이 없게 하옵소서 하였더니 하나님이 그가 구하는 것을 허락하셨더라"(역대상 4:10)

열째, 새로운 분야에 도전할 때는 최고가 되기 전에 최초가 되도록 하라.

통달의 경지에 이른다는 것은 최고의 경지에 이른다고 해도 과언이 아니다. 하지만 어떤 분야에 한 사람이 통달하면, 또 다른 사람이 그 통달의 분야에 도전하게 된다.

최고가 되기 전에 최초가 되는 것이 중요하다. 최초가 많은 사람에게 기억되기 때문이기도 하지만, 최초는 많은 사람을 통달의 경지에 이르도록 문을 열어주는 사람이기 때문이다. 최초는 선구자다. 그런 면에서 그는 개척자이다. 때문에 외로울 수 있다. 하지만 그 한 사람을 통해 수많은 사람이 통달의 경지에 이르게 된다.

> "여호와께서 너를 머리가 되고 꼬리가 되지 않게 하시며 위에만 있고 아래에 있지 않게 하시리니 오직 너는 내가 오늘 네게 명령하는 네 하나님 여호와의 명령을 듣고 지켜 행하며"(신명기 28:13)

열한째, 통달에 이르도록 도우시는 성령님을 의지하라.

성령님은 통달의 경지에 이르도록 우리를 도와주시는 최고의 스승이시다. 성령님은 하나님의 깊은 것까지도 통달하시는 분이다. 또한 통달의 도를 우리에게 가르쳐 주시는 분이다. 통달에 이르도록 우리에게 지혜를 주시는 분이다. 능력을 부여해 주시는 분이다. 성령님은 우리 곁에서 우리를 늘 응원해 주시는 분이다.

"오직 하나님이 성령으로 이것을 우리에게 보이셨으니 성령은 모든 것 곧 하나님의 깊은 것까지도 통달하시느니라"(고린도전서 2:10)

열두째, 초심을 갖고 성실하게 정진하라.

초심을 가꾸는 것이 중요하다. 초심은 거듭 예수님께 초점을 맞추는 것이요, 예수님의 지혜와 인격과 탁월함에 머무는 것이다. 이는 모든 것의 원천되시는 하나님께 머무는 것과도 같다. 즉, 사명에 머무는 것이다.

초심은 본질에 늘 초점을 맞추며 사는 것이다. 성실한 마음이요, 신실한 마음이다. 가장 위험한 것은 오만과 교만이다. 또한 방심이다. 선 줄로 생각하지 말자. 이 세상을 떠나 하나님 앞에 설 때까지 초심을 갖고 살자.

"그런즉 선 줄로 생각하는 자는 넘어질까 조심하라"(고린도전서 10:12)

✎ 탁월한 전문가가 되기 위한 통달의 지혜를 배웠다. 당신의 것으로 만들기 위해 당신의 말로 적용해 정리해보라.

성경적 학습 혁명은 사랑의 혁명이다

학습 혁명은 하나님을 사랑하고, 이웃을 사랑하는 것이다. 사랑이 없으면 아무것도 아니다. 사랑이 제일이다. 학습 혁명은 전 세계를 그리스도의 사랑으로 관계를 맺는 것이라고 결론지을 수 있다.

"새 계명을 너희에게 주노니 서로 사랑하라 내가 너희를 사랑한 것 같이 너희도 서로 사랑하라 너희가 서로 사랑하면 이로써 모든 사람이 너희가 내 제자인 줄 알리라"(요한복음 13:34~35)

"우상의 제물에 대하여는 우리가 다 지식이 있는 줄을 아나 지식은 교만하게 하며 사랑은 덕을 세우나니"(고린도전서 8:1)

"내가 예언하는 능력이 있어 모든 비밀과 모든 지식을 알고 또 산을 옮길 만한 모든 믿음이 있을지라도 사랑이 없으면 내가 아무 것도 아니요"(고린도전서 13:2)

학습의 목표는 사랑이요, 학습의 이유는 나눔에 있다. 배움을 통해 더욱 깊이 사랑하고, 배움을 통해 최고 좋은 것을 사랑하는 사람에게 나누도록 하자. 교사가 추구해야 할 학습 혁명은 학습을 통해 열방을 섬기는 것이다. 섬김은 배움의 최고봉이다.

"인자가 온 것은 섬김을 받으려 함이 아니라 도리어 섬기려 하고 자기 목숨을 많은 사람의 대속물로 주려 함이니라"(마가복음 10:45)

언제나 초심을 갖고 모든 영광을 하나님께 돌리도록 하자. 학습 혁명을 통해 사랑이 되도록 하자. 학습 혁명은 지식을 축적해서 지식을 자랑하는 것이 아니라 사랑의 사람이 되는 것이다. 예수님의 성품을 닮은 사람이 되는 것이다. 학생들은 교사가 가르치는 대로 사는 것이 아니라 교사가 모범을 보이는 대로 산다. 참된 교육은 말이 아니라 삶으로 가르치는 것이다.

교사는 예수님의 영성으로 학생들을 가르쳐야 한다. 훌륭한 교사는 자신의 힘으로 학생들을 지도하는 사람이 아니라 성령님을 힘입어 지도하는 사람이다. 훌륭한 교사는 학생들을 자기에게 이끄는 사람이 아니라 예수님께 이끄는 사람이다. 탁월한 교사는 학생들에게 자기를 바라보라고 말하는 사람이 아니라 예수님을 바라보라고 말하는 사람이다.

탁월한 교사는 헨리 블렉게비의 말처럼 제자들을 지금 있는 자리에서 하나님이 원하시는 자리로 이끌어 주는 사람이다. 탁월한 교사는 큰 목표를 갖되, 작게 시작하라고 가르친다. 탁월한 교사는 글로벌 마인드를 갖되, 머무는 곳에서 꽃 피우고 열매를 맺도록 가르친다. 머무는 곳에서 향기를 발하도록 가르치는 것이다. 탁월한 교사는 글로벌 인재를 키우는 것을 넘어 천국 인재를 양성한다. 한때는 많은 사람이 아메리칸 드림을 추구했다. 지금은 글로벌 드림을 추구한다. 하지만 그리스도의 제자들은 킹덤 드림을 추구해야 한다.

　탁월한 교사는 하나님 나라의 가치관을 가지고 하나님의 나라가 이 땅에 임하도록 살아야 한다. 또한 하나님의 나라를 확장하는 일에 힘써야 한다. 탁월한 교사는 생의 마지막에 모든 영광을 하나님께 올려드려야 한다. 왜냐하면 처음부터 끝까지 성령님의 도우심을 받아 사역을 하기 때문이다. 우리 함께 훌륭한 교사가 되어 하나님께 큰 영광을 돌리도록 하자.

✏️ 이 책을 통해 당신은 하나님의 창조물로서 어떤 생각이 드는가? 나아가 학생들을 가르치는 교사로서 예수님의 영성을 어떻게 겸비하고 가르칠지 다짐해보라.

✎ 영적 교사로서의 앞으로의 비전을 적어보라.

나는
하나님 나라의
교사입니다